谨以此书，
致敬广大会计理论与实务界的前辈！
献给上海国家会计学院 20 年来的支持者！
献礼中华人民共和国成立 70 周年！

会计口述历史

（第一辑）

上海国家会计学院会计口述历史项目工作组／主编

立信会计 出版社
LIXIN ACCOUNTING PUBLISHING HOUSE

图书在版编目(CIP)数据

会计口述历史.第一辑／上海国家会计学院会计口
述历史项目工作组主编.—上海：立信会计出版社，
2019.8(2024.1重印)
ISBN 978-7-5429-6257-7

Ⅰ.①会… Ⅱ.①上… Ⅲ.①会计史－史料－中国－
现代 Ⅳ.①F23-092

中国版本图书馆 CIP 数据核字(2019)第 174265 号

策划编辑　　孙　勇
责任编辑　　方士华　孙　勇
封面设计　　南房间

会计口述历史(第一辑)
KUAIJI KOUSHU LISHI DI-YI JI

出版发行	立信会计出版社		
地　　址	上海市中山西路 2230 号	邮政编码	200235
电　　话	(021)64411389	传　　真	(021)64411325
网　　址	www.lixinaph.com	电子邮箱	lixinaph2019@126.com
网上书店	http://lixin.jd.com		http://lxkjcbs.tmall.com
经　　销	各地新华书店		
印　　刷	苏州市越洋印刷有限公司		
开　　本	710 毫米×1000 毫米	1/16	
印　　张	13	插　　页	4
字　　数	238 千字		
版　　次	2019 年 8 月第 1 版		
印　　次	2024 年 1 月第 10 次		
书　　号	ISBN 978-7-5429-6257-7/F		
定　　价	39.00 元		

本书编委会

主任

刘　勤

成员

尹成彦　赵　健　吴周筠

李九泽　李　泓　吕晓雷

胡晓栋

特约审阅专家

宋小明　张　辉

序

2013 年 7 月 11 日，习近平同志到西柏坡考察调研时指出，"历史是最好的教科书"。读史以明志，借古而鉴今，从历史的长河中汲取营养，是帮助我们了解自身从哪里来，又将到哪里去的最有益的途径。

中华人民共和国成立以后，特别是改革开放以来经过数代人的努力，中国现代会计，无论是在会计制度体系建设、会计服务、会计监管，还是在会计理论研究和人才培养等方面，都取得了巨大的成就。但是，随着时光的流逝，许多亲身参与或见证现代会计发展进程的前辈都已进入耄耋之年。让创造和见证历史的前辈们讲述会计历史，为后来者研究会计历史、借古鉴今提供史料，已成为一项刻不容缓的工作，这也是上海国家会计学院在社会各界的大力支持下主动担当起的光荣责任。

上海国家会计学院于 2012 年组建了会计口述历史项目工作团队，团队成员搜寻历史线索，前往全国各地，到会计前辈们的家中或办公室，寻访第一手鲜活资料，迄今为止一共收集了 47 位会计前辈的口述素材。可以说，每一篇口述资料都能从独到的视角丰富人们对中国现代会计发展历史的认知，能够反映出会计前辈们锲而不舍、不懈追求的足迹。

历史是由人类创造的。人们可以从已经发布的政策和出版的学术文献中探究历史，也能从社会发展的方方面面找到很多历史轨迹，但很多历史史实也可能仅存在于历史亲历者的记忆中，如果不能及时整理、挖掘，很多鲜为人知的历史就将尘封在历史见证者的记忆中，不为人知，成为永远的遗憾。作为我国庞大的会计队伍的一部分，上海国家会计学院的全体师生为能参与会计口述历史这项工作，为能在减少会计历史和文化传承中的遗憾上尽微薄之力，倍感荣幸。

历史是最好的教科书，也是最好的营养剂、清醒剂。史可通智、史可知辱、史可知道、史可明志，一个郑重对待历史并善于从自身经验中学习的民族，才是一个真正强大并走得远的民族。

谨以此书，致敬广大会计界前辈！并将之献给近 20 年来关心和支持上海国家会计学院发展的各位朋友！

谨以此书，献礼中华人民共和国成立 70 周年！

上海国家会计学院党委书记、院长

2019 年 6 月

前　言

　　历史依靠记忆，历史是记住的活动。发生过但被遗忘的，从技术上说不是历史。

　　在过去的 70 年，一大批会计人经历了中华人民共和国成立、改革开放等重大事件，在这些大事件中，会计人是不可或缺甚至是非常关键的推动力量。在时代的变化中，他们也是会计教育、会计实务、会计理论、会计管理变迁与发展的亲历者。在这 70 年中，他们经历了建设中华人民共和国的会计体系、会计的改革开放两波大的时代浪潮，也经历了会计发展的低谷。此外，还有少量的会计人亲历了 1949 年之前会计的演进和发展。

　　这些亲历者，是会计历史的一部分。这些亲历者，健在的已经越来越少。

　　找到这些前辈，听他们讲过去的故事，将这些故事记录下来，整理、存储、传播，就是会计口述历史。

会计口述历史是一个基于对会计的尊重、基于对会计行业热爱的项目

　　2012 年，当我们约上同事，扛起摄像机迈出拍摄会计前辈的步伐时，没想到会走这么久，也没想到会拍这么多人。我们最初的念头就是前辈们正在凋零，得有人赶紧把他们拍下来。没有专业的机构做，那就由我们来做吧。2011 年，中南财经政法大学易庭源教授逝世这件事，让我们要把前辈拍下来的念

头变得愈加强烈。在开拍之前，我们对口述历史知之甚少，我们只是看了《我的抗战》纪录片，学习了一本有关口述历史的译著《大家来做口述历史》，并请教了温州大学口述历史研究所的杨祥银博士一些问题。

会计口述历史项目定位为抢救性的记录，所以开始时我们不管做得如何，先去做，一边做一边学。拍一位前辈的口述，往往可以发现更多的口述人选。一方面我们确实留下了一些不可再生的记录，拍下了他们自述人生的视频。自项目启动至今有 10 位前辈已去世，我们留下的很可能是他们生前唯一的口述记录。另一方面也留下了一些记录的遗憾，比如记录内容不全面、记录太少、记录品质不够好等，有的做得不像口述而像常规的采访。最大的遗憾还是我们对会计行业的历史知道得不够多，行动也不够迅速，错失了记录多位前辈的机会，比如管锦康教授，比如容永道先生。

会计口述历史是希望有精神传承的项目

在前辈们的口述中，我们能感受到这样的精神，也希望这样的精神得到传播和传承：

——孜孜以求、敢于质疑的求真精神；

——坚韧不拔、百折不挠的奋进精神；

——扎根会计、乐观豁达的奉献精神；

——脚踏实地、爱岗爱国的赤诚情怀。

会计口述历史是留下了一批宝贵资料的项目

因为是抢救性的记录，我们拍摄的47人中绝大部分是年龄在80岁以上的前辈，记录时他们的平均年龄约为80岁。他们之中有教书育人桃李遍天下的会计学界名家，有管理会计行业的政府工作人员，有在实务领域多有创新拓展的企业高管。他们的一个共同点是①：曾经在某一个会计领域或某个地区的会计工作中有开拓性的成就，有在会计史上特别值得记下的一笔。会计口述历史记录的主要是他们关于会计的学习和工作的故事与自我评价，以及人生感悟和对年轻人的期望。会计口述历史记录的是口述人记忆中的真实历史。基于对会计历史的尊重，口述人讲述的都是他们自己认为重要的、真实的历史。亲历者对历史的讲述，是最直接的资料，是书面资料的有益补充。但因为记忆等原因，口述也可能有所偏差或遗漏。不同的口述人，对同一个事件的描述也可能有偏差，结论判断也可能有不同。

目前，我们已经在15个城市：

——记录47人；

——形成录音整理稿132万字；

——形成原始视频（或音频）85小时（时长）；

——制作专题片32个。

---

① 潘妃瞻为口述者，此处指她口述介绍的人物潘序伦和管锦康。

口述的原始资料存放在上海国家会计学院。在口述人授权的前提下，我们将口述成果整理为文章、专题片并通过中国会计视野网、《中国会计报》、上海国家会计学院微信公众号和院刊、腾讯视频等广泛传播。部分资料陈列在上海国家会计学院第二教学楼，财政部原部长楼继伟、财政部副部长程丽华等领导都曾到此参观。相关视频资料也提供给了中国注册会计师协会、江苏兴化葛家澍纪念馆。

会计口述历史是一个得到了很多人支持，需要感谢很多人的项目

会计口述历史是由上海国家会计学院的员工作为核心推动力量，得到了院内外诸多支持的项目。这样的支持包括：

——资金支持；

——推荐口述人选；

——直接参与口述记录；

——提供历史背景资料等专业见解；

——提供口述历史项目的展示平台。

支持会计口述历史项目的机构和个人的名单挺长，也一直在更新。这份名单放在每一部会计口述历史专题片结尾，也放在本书中。因为有了这些支持者，我们的口述工作才能走得这么远。当然，特别要感谢的还是各位受访人！

7年来，参与会计口述历史项目工作的人员有：尹成彦、曹巧波、赵健、吴周筠、李泓、吕晓雷、胡晓栋、杨武、张涛、吴卫东、沈锋、韩非、

李九泽、岳旭琴、王宁、韩翠翠、童方磊、林晨亚、张小娟、康振宇、蒋桂红。这些工作人员的名字还会出现在各位前辈口述记录的口述情况介绍中。

在此我们也特别怀念一开始就参与项目，担任了多次摄像工作的同事吴卫东（1962—2017年），他在2017年4月病逝。

一起来做口述

一个对前辈尊重、对历史重视的行业，才能更有传承与创新，才能更有发展。7年的经历告诉我们：做会计口述历史并没有想象的那么难，做了就可能向1靠近，不做就只能是0。我们希望有更多的人拿起摄像机、手机或录音笔开始口述记录，记录下会计人的记忆，记录下正在逝去的会计记忆。

我们的体会是，做口述记录的过程，也是一个学习和传承的过程。做口述，可以从前辈们的讲述中学习更多。在本书中我们特意将会计口述历史的具体做法予以介绍，以供参考。

关于出版

在此之前，我们是根据口述文字撰写文章和制作短片，文章和短片的体量都有限，传递的信息也有限，传播的范围也有限，不能最大限度地展示口述的原貌。基于此，遵照与口述人签署的授权协议和家属的意愿，我们将陆续结集出版部分口述记录，计划在两到三年内出版完毕。本次出版的是第一辑，遴选的口述者是出生于1927年及之前的10位前辈。

出版的口述文字是根据口述人本人或授权人审核、确认过的速记稿整理而来的，对重复内容等作了处理。整理时尽量保持了口述者的口语化表达方式，并对专有名词、行业人物增加了注解。注解主要依据为中国会计视野会计百科、百度百科、《中国会计名家传略》（陈元芳编著，立信会计出版社 2013 年版）。我们希望读者在阅读口述记录时，有如同和前辈们当面对话的临场感，如此，才能更多地传递前辈们的教诲，能更好地传承他们的会计精神。

我们要特别感谢上海立信会计金融学院的宋小明教授、会计史爱好者张辉为本书进行会计史方面的专业把关。

我们也感谢立信会计出版社的窦瀚修社长、孙勇编辑，有了他们的热心和支持，本书才能得以顺利出版！

虽然我们怀着敬畏之心进行一遍又一遍的编辑校对，但本书仍可能存在错误。还请读者不吝赐教！（联系电话：021-69768000-68069；电子邮箱：janny@snai.edu）本书出版后如有发现错误，将在网络上公布纠错情况。读者可联系我们获取本书勘误。

上海国家会计学院会计口述历史项目工作组

2019 年 6 月于上海国家会计学院

致 谢

47 位口述人（按口述时间顺序）

徐政旦	汪建熙	石人瑾	张为国	葛家澍
裘宗舜	丁平准	张 克	常 勋	郑丁旺
杨周南	陈如洪	尹锡章	吴安妮	张以宽
毛伯林	王世定	杨宗昌	王松年	欧阳清
吴水澎	于玉林	潘华恭	杨继良	麦克菲（Richard Macve）
魏振雄	赵洪元	余盛钧	周京生	庄肇嘉
潘屹瞻	魏云鹏	雍小楼	席玉聚	肖桐青
张同辉	刘仲藜	闫伯臣	陈安怀	王善发
吴益格	郑学定	成放晴	汪家祐	汤云为
顾树桢	盖 地			

致　谢
会计口述历史项目资金捐助人
（分机构和个人，按捐助时间先后排序）

信永中和会计师事务所（特殊普通合伙）①

苏亚金诚会计师事务所（特殊普通合伙）

天健会计师事务所（特殊普通合伙）

致同会计师事务所（特殊普通合伙）

利安达会计师事务所（特殊普通合伙）

大华会计师事务所（特殊普通合伙）

上海王琦赟会计师事务所（普通合伙）

上海华皓会计师事务所（普通合伙）

中国注册会计师协会

大信会计师事务所（特殊普通合伙）

瑞华会计师事务所（特殊普通合伙）

北京中瑞诚会计师事务所有限公司创始人、主任会计师　何培刚

致同会计师事务所合伙人管理委员会首任主席　陈箭深

SNAI-ASU EMBA 项目第十期　全体学员

广西东方广信会计师事务所有限公司柳州分所副所长　邓枚芳

汇付天下有限公司执行董事、首席财务官　金源

复旦大学附属华山医院总会计师　周海平

上海国家会计学院副教授　王纪平

刘军

上海栩骏企业管理事务所总经理　罗志国

---

① 此处用的是事务所全称，后文简称信永中和或信永中和会计师事务所，对其他事务所名称也作类似处理。

致　谢

会计口述历史其他支持单位和个人

中国会计学会会计史专业委员会

中国会计报

中国传媒大学崔永元口述历史研究中心

上海国家会计学院原院长　夏大慰 教授

上海国家会计学院院长　李扣庆 教授

上海国家会计学院原副院长　管一民 教授

上海国家会计学院原副院长　谢荣 教授

上海国家会计学院副院长　刘勤 教授

上海国家会计学院副院长　卢文彬 教授

上海国家会计学院院长助理　易宏勋

上海国家会计学院公共管理培训部主任　张各兴

上海国家会计学院企业管理培训部副主任　邱铁

上海国家会计学院教研部　佟成生 教授　江百灵 副教授　朱丹 副教授
　　　　　　　　　　　　刘梅玲 副教授　李颖琦 教授　郭永清 教授

上海国家会计学院科研管理部（智库建设办公室）　杨贵荣

上海国家会计学院党委办公室（学院办公室）主任　马丽娜

上海国家会计学院信息部副主任　王纪平

上海国家会计学院信息部　王咏梅

律师　叶红军

厦门国家会计学院院长　黄世忠 教授

厦门国家会计学院教务处处长　王一平

厦门国家会计学院远程教育处处长　阎虎勤

厦门国家会计学院信息管理处　林学颖

北京国家会计学院推广发展部负责人　贾跃华

北京国家会计学院教研中心　刘宵仑 副教授

中国注册会计师协会原秘书长　陈毓圭

中国银行董事　张建刚

财政部会计司制度三处处长　冷冰

新华人寿保险股份有限公司投资部副总经理　覃东

中国农业发展银行董事　韩粤

中国财政杂志社副社长　秦中良

中国会计报副总编　李京 记者 于濛 原记者 赵慧

温州大学口述历史研究所所长　杨祥银 博士

大连出版社社长　刘明辉 教授

厦门大学管理学院　刘峰 教授

中南财经政法大学会计学院　许家林 教授

西南财经大学党委书记　赵德武 教授

西南财经大学会计学院原院长　彭韶兵 教授　院长 马永强 教授

江西财经大学会计学院　谢盛纹 教授

江西财经大学工商管理学院　王光俊 博士

西安交通大学管理学院　田高良 教授　张俊瑞 教授

西北大学　冯均科 教授

北京工商大学　潘爱香 教授

上海市财政局会计处调研员　乔元芳

亚太（集团）会计师事务所合伙人　李万军

北京中瑞诚会计师事务所总经理　何源泉

信永中和集团董事长、党委书记、创始合伙人　张克

信永中和会计师事务所合伙人　郭晋龙　合伙人 史宣章　合伙人 刘景伟

苏亚金诚会计师事务所首席合伙人　詹从才

天健会计师事务所董事长　胡少先

天健会计师事务所文化品牌部原主任　汪修生

天健会计师事务所文化品牌部　兀敔

致同会计师事务所首席合伙人　徐华

致同会计师事务所合伙人管理委员会首任主席　陈箭深　原合伙人　陆翔

德勤华永会计师事务所原合伙人　朱祺珩　合伙人　吴卫军

普华永道中天会计师事务所合伙人　杜源申

大华会计师事务所首席合伙人　梁春　合伙人　吕秋萍

中国税务学会副会长　张连起

华融天泽投资有限公司副总经理　吴建友

江苏中烟工业有限责任公司财务处副处长　杨勇

《新会计》创刊主编　夏明曦

天津财经大学会计系　田昆儒 教授

著名会计学者　文硕

北京三川金舟贸易有限公司总经理　熊尊

无锡市注册会计师协会秘书长　尹晓波

立信会计出版社社长　窦瀚修

国家机关事务管理局财务管理司副司长　杨虎

哈尔滨商业大学副校长　张林 教授

哈尔滨商业大学会计学院　毛元青 教授

沈阳市财政局原会计处处长　银有辉

沈阳机床原副总裁　李双山

海华税务师事务所有限公司董事长　宋玮

深圳广深会计师事务所首席合伙人　陈叔军

诸位口述人的家人和学生

会计口述历史记录情况一览表（以记录时间为序）

姓名	记录年份	出生年份	记录时年龄	口述地点	口述内容字数（字符）	视频/音频时长①
徐政旦②	2012	1922	90	上海	18 000	约 3 小时
汪建熙	2012	1951	61	北京	49 000	约 5 小时
石人瑾	2012	1926	86	上海	7 100	1 小时 15 分
张为国	2012	1957	55	上海	43 000	约 3 小时
葛家澍③	2012	1921	91	福建厦门	15 000	1 小时 10 分
裘宗舜④	2013	1921	92	江西南昌	24 000	4 小时 19 分
丁平准	2013	1937	76	北京	70 000	5 小时 46 分
张克	2013	1953	60	北京	31 000	2 小时 23 分
常勋⑤	2013	1924	89	福建厦门	12 900	1 小时 27 分
郑丁旺	2013	1942	71	上海	59 000	4 小时左右
杨周南	2013	1938	75	北京	42 000	3 小时 13 分
陈如洪	2013	1934	79	浙江杭州	21 000	2 小时 06 分
尹锡章⑥	2013	1919	94	浙江杭州	14 000	1 小时 49 分
吴安妮	2013	1954	59	上海	47 000	3 小时 15 分
张以宽	2013	1929	84	北京	21 000	2 小时 20 分
毛伯林⑦	2013	1927	86	四川成都	15 000	1 小时 57 分
王世定	2013	1944	69	北京	32 000	2 小时 31 分
杨宗昌⑧	2013	1927	86	陕西西安	19 000	3 小时
王松年	2013	1930	83	上海	27 000	2 小时 30 分
欧阳清	2013	1930	83	上海	43 000	5 小时 20 分
吴水澎	2014	1941	73	福建厦门	19 000	1 小时 40 分
于玉林	2014	1934	80	天津	50 000	3 小时 05 分
潘华恭	2014	1932	82	上海	30 000	2 小时 42 分
杨继良	2014	1931	83	上海	66 000	5 小时 05 分

姓名	记录年份	出生年份	记录时年龄	口述地点	口述内容字数（字符）	视频/音频时长①
麦克菲	2014	1946	68	上海	15 000	2 小时 25 分
魏振雄	2014	1931	83	北京	19 000	2 小时 51 分
赵洪元	2014	1928	86	上海	52 000	4 小时 08 分
余盛钧⑨	2014	1922	92	四川内江	23 000	3 小时 43 分
周京生	2015	1937	78	江苏无锡	18 000	2 小时 17 分
庄肇嘉	2015	1929	86	北京	32 000	3 小时 40 分
潘屹瞻	2015	1920	95	天津	4 900	58 分
魏云鹏⑩	2015	1942	73	浙江杭州	17 000	2 小时 5 分
雍小楼	2015	1932	83	上海	33 000	3 小时 13 分
席玉聚	2015	1923	92	广西南宁	27 000	3 小时 57 分
肖桐青	2015	1940	75	上海	23 000	2 小时 25 分
张同辉	2015	1926	89	北京	14 000	1 小时 48 分
刘仲藜	2015	1934	81	上海	22 000	2 小时 08 分
闫伯臣	2016	1926	90	黑龙江五大连池	30 000	4 小时 08 分
陈安怀⑪	2016	1919	97	湖南长沙	16 000	2 小时 16 分
王善发	2016	1929	87	辽宁沈阳	13 000	1 小时 35 分
吴益格	2016	1932	84	北京	33 000	3 小时 06 分
郑学定	2017	1963	54	广东深圳	27 000	4 小时 39 分
成放晴	2017	1957	60	广东深圳	27 000	2 小时 46 分
汪家祐	2018	1930	88	广东深圳	21 000	2 小时 46 分
汤云为	2018	1944	74	上海	46 000	3 小时 52 分
顾树桢	2018	1919	99	上海	10 000	约 1 小时
盖地	2018	1945	73	天津	29 000	2 小时 56 分

注：47 位受访人，受访时平均年龄约为 80 岁。

① 此处时长为原始文件的时长，后文中二维码对应的专题片是经过处理后的视频。

②③ 徐政旦、葛家澍于 2013 年逝世。

⑥ 尹锡章于 2014 年逝世。

④⑩⑪ 裴宗舜、魏云鹏、陈安怀于 2016 年逝世。

⑤⑨ 常勋、余盛钧于 2017 年逝世。

⑦⑧ 毛伯林、杨宗昌于 2018 年逝世。

目 录

尹锡章：朴素的会计人生

尹锡章（1919—2014 年），男，汉族，浙江嵊州人，毕业于浙江财务学校、南京中央政治学校公务员培训部，1943 年考取会计师，1946 年领取会计师执照。中华人民共和国成立前，他在浙江省财政厅、交通部会计处、浙江省会计处、卫生部会计处等工作；中华人民共和国成立后，他在建华炼油厂、杭州炼油厂从事财会工作。退休后，尹锡章参与创办浙江会计师事务所（现天健会计师事务所），工作到 1998 年。2014 年 10 月 17 日，他在浙江杭州逝世，享年95 岁。

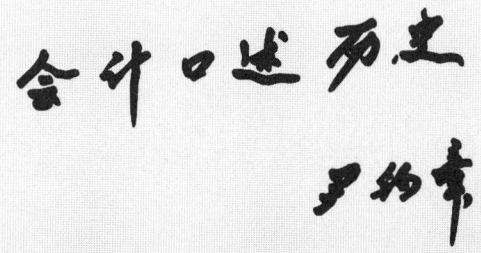

口述情况

时间：2013 年 6 月 4 日上午

地点：浙江省杭州市下城区尹锡章家中

项目负责人：曹巧波

现场工作人员：——现场访谈/童方磊

——联络和摄影/曹巧波

——摄像/沈锋

时任天健会计师事务所（特殊普通合伙）行政管理总部副总经理汪修生全程参与了口述记录。

2013 年 7 月至 2014 年 9 月，童方磊、曹巧波、蒋桂红先后对口述文字进行了整理和审核。

天健会计师事务所（特殊普通合伙）对尹锡章的口述记录提供了协助，并对文字做了审核校对。

尹锡章在口述

1933 年至 1936 年，求学于浙江财务学校

我是 1919 年出生的，讲起来今年已经 95[①] 岁了。我从事会计工作，有整整 60 年，算是一个"老兵"。

我是怎么找到会计这个工作的？这可以说是一种缘分吧——碰的。那时到杭州念书，考虑到家境贫寒，只能考职业学校。我报了三个学校，三个都录取了我。为什么我会去浙江财务学校[②]呢？有两个理由：一个是它在杭州城里，地方近；另一个呢，校长是嵊州人，是我同乡。我听到介绍，这个校长先生叫魏颂唐[③]，是浙江省财政专家"四大天王"之首。这个学校说起来是一个中等职业学校，但它开设的专业课程都是大学课程，包括财政学、经济学、会计、

---

① 尹老说的 95 岁是虚岁，本文口述中用的都是虚岁。由于习惯不同，本书其他口述者有的说的是虚岁，有的说的是周岁。

② 浙江财务学校，一所私立学校。著名经济学家马寅初 1927 年曾在该校任教。

③ 魏颂唐（1886—1967 年），男，又名庆萱，字祖同，出生于嵊县（今浙江省嵊州市）。民国时期他曾是浙江省政府专设会计师办公处的主持人之一（另一人为潘序伦）、浙江财务学校校长。

统计、审计，还有官厅会计①、银行会计等课程，另外还有普通课程，如日文、英文等选修课，还有语文、历史、地理等一般的课程。就是这样一个学校，那些专业的课程，给我打下了一点基础。

1949 年之前的工作

青年尹锡章

我读了 3 年，毕业以后到财政厅工作。那个时候到浙江省财政厅是统一分配的，我起初被分配到绍兴一个箔类营业税②局见习，几个月以后又被调回来了，调到财政厅的编辑部。编辑什么东西呢？《浙江财政月刊》，我负责主编一本赋税专辑，编了四五个月，总算完成了。

那个时候的中国会计，采用新改的一个超然主计制度③。怎么超然呢？会

① 官厅会计，系近代根据英文 "governmental accounting" 翻译的，即 "政府会计"，是我国古代国家会计。"官厅" 为处理国家事务的机关，"官厅会计" 包括国家会计事务机关和国家会计事务工作两种含义，官厅会计之称，在我国是有其历史渊源的。《周礼·天官·大宰》有 "官计" 之称，"以八法治官府。……八曰官计，以弊邦治"。此后，汉、唐、宋均称之为 "国计"，到明清时仍依此说。

② 民国二十年（1931 年）六月，公布《营业税法》，浙江省即将牙税、当税、屠宰税、箔类特税改征营业税。

③ 超然主计制度：1928 年南京国民政府聘请美国专家克默尔（Kemmer）设计中国的财会制度，克默尔采纳了立法院主张的联综组织和超然主计，设计了一套超然主计制度。1931 年公布的《主计组织法》规定，在中央设主计处，在中央各部和各省市政府设会计长。

4

计脱离财政系统，单独成立一个系统；下级的会计人员向上级层面报告；下级的会计工作是对上级的会计部门负责；所在地的行政机关或者是工厂企业，是不管会计的。会计从财政系统脱离，有一个独立的会计系统，所以叫超然主计系统。

1937年，浙江进行会计改革。在会计改革以后，考试院在浙江举办一个特种考试，就叫作浙江省会计人员考试。我去参加考试，考试及格了。及格以后把我从财政厅编辑部调到会计室做会计，这是我正式迈进了会计这个行当的门槛。浙江省实施会计改革，将会计从财政厅划出来了，成立了会计处。省里的几个部门都成立了会计室，县里也要成立会计室，只是县里的会计室是由上面委派会计稽核主任的。不过这个改革后，会计还是脱离不了记账、算账、报账这个范围。

超然主计制度，将会计从财政系统划出单独成立一个系统，但只是会计体系，只重监督，不讲服务。监督什么呢？监督国家预算的执行。这个体系还是属于簿记系统，负责算账、记账。形式呢？变为西方的会计形式，完全向西方学习。记账的方式，用借贷记账法、权责发生制，改变了过去传统的记账方式：上收下付，上面记收，下面记付，这个把旧时的四柱清册改掉了。四柱清册都是什么呢？四根柱子：昨剩、今收、今付、今存(也即"旧管、新收、开除、实在")，这个是过去的老式的报表用的；改革以后这个报表是资产负债表、损益表，完全西化了。

到1939年，考试院举行了全面抗战以后第一次高等文官考试。那时财政厅的会计主任叫杨时展①，他比杨纪琬②还要大，是会计界的老人。他是第四届高等文官考试及格的，他极力鼓励我去参加考试，当时举办了第五届高等

---

① 杨时展(1913—1997年)，教授，男，浙江宁波人，毕业于南京中央政治学校大学部财政系会计专业，并留校任教。1945年，杨时展任国立英士大学教授；1953年，任中南财经学院教授；1980年恢复教学工作，曾任湖北财经学院、中南财经大学教授、博士生导师，曾兼任中国会计学会常务理事、顾问，中国审计学会常务理事等。

② 杨纪琬(1917—1999年)，男，上海松江人，毕业于国立上海商学院，曾任国立上海商学院、东吴大学、光华大学等会计学教授，曾任财政部会计司长，中国注册会计师协会首任会长。杨纪琬在任期间，建议并推动恢复中国注册会计师制度，是中华人民共和国会计制度的奠基人之一。

文官考试，在浙江丽水设有一个考试点。全面抗战开始以后的高等文官考试制度改变了，改为两次考试。第一次初试，初试通过经过训练后，再考试一次。我初试及格以后，第二年（1940 年）到重庆去了，在南京中央政治学校的公务员培训部高等科学习 6 个月。培训我们的老师主要是一些南京国民政府各部委的负责人，还有一些有名的学者。毕业后，考试院举行了第二次考试，我也及格了。我们这一期的考试，初试在全国录取了 210 个人，第二次考试合格的有 205 个，淘汰了 5 个。合格人员中会计审计人员有 15 个人。考试及格以后，就统一分配了，我被分配到交通部会计处。会计处的会计长非常欢迎我，我一去他就给我官衔，荐任 6 级。那时国民党的官职任命有特任、简任、荐任、委任。荐任本来是 12 级，他一次帮我提升了 6 级。交通部管什么东西呢？管航政、邮政。航政有两种，即航空、航海。航空，有三个航空公司，两个是外国人管的，一个是中苏航空公司，一个是中德航空公司①。中苏航空公司是苏联管的，中德航空公司是德国管的，我们自己管的只有一个中央航空公司。航海公司大部分都是在中国香港，在内地你真正管得到的是一个长江造船公司，还有 12 个滩场。因为那时的船从武汉到重庆是靠人拉的，要人拉纤的，所以有一个个滩，共 12 个滩。

　　实际上我在交通部里面待了差不多有两年，是没有什么工作的，就是看看报表，科长出差时代他看看文件。说起邮政，有邮政局、邮政储金汇业局②。邮政局那个时候也是外国人管的，邮政储金汇业局是中国人管的，是徐青甫③的儿子徐继庄④管的，我还记得。因为工作没有什么事情做，加之私人的原因，那个时候我的女朋友在杭州，而且在浙江我的同学、朋友很多，人脉比较

---

① 　全称为欧亚航空邮运股份有限公司。

② 　1930 年 3 月，南京国民政府在上海成立邮政储金汇业局，直属南京国民政府交通部。它的主要业务是办理各种形式的储蓄、汇兑、放款、贴现、购现、购买公债或库券、经营仓库、办理保险等，除了发行钞票外，商业银行的一般业务它都承做。

③ 　徐青甫（1879—1961 年），男，曾任浙江省政务厅长、浙江省财政委员、浙江省民政厅长、浙江省代理省主席、浙江省临时参议会议长等。中华人民共和国成立后，徐青甫任浙江省政协第一、第二届委员，著有《经济革命救国论》。

④ 　徐继庄（1904 年—?），男，民国时期银行家，曾任中国农民银行总经理。抗日战争胜利后"徐继庄贪污大案"轰动一时，此案为民国时期四大贪污案之一。

广，所以我请求调回浙江。那个时候交通部的人是归南京国民政府主计处（部级的叫主计处）管，主计处来请调，把我调到浙江。调回来的时候，我在浙江省会计处先做会计专员，做了四五个月。浙江成立浙江社会处会计室，我被调到浙江社会处会计室做会计主任。那已经是抗战时期了。抗战期间，浙江的省政府各个单位在到处搬迁。日本人来了就逃，日本人走了又回来，这样整整过了四五年吧，到1945年抗战胜利以后才回到杭州。

1946年，我高等文官考试时的一个同学做了卫生部的会计长，他极力邀请我去跟他一起工作，并通过主计处把我调到卫生部。在卫生部，会计科长、审计科长我都做过了。一直到淮海战役开始，南京国民政府都逃到广州去了，我辞职又回到杭州。回到杭州以后，我加入了正一（音）会计师事务所。我早已做好这个准备，那时我会计师考试已经及格，会计师执业执照也领了。

1949年至1983年，在建华炼油厂、杭州炼油厂

中华人民共和国成立后，根本用不着会计师事务所，会计师事务所几乎都解散了。我就去了私人办的一个建华炼油厂做主任会计。建华炼油厂是很小很小的一个厂，只有十几个人，做什么呢？把柴油放硫酸里洗一洗，将柴油变成煤油，再卖了煤油赚差价。这个厂后来被省政府的生产科看中了，生产科要加入，就变成公私合营了。"三反""五反"运动以后，这个厂被并到地方国营杭州炼油厂，我们人员都过去了。

杭州炼油厂是什么厂呢？也是很小很小的，它实际上是个柏油厂，生产马路上用的柏油。厂子发起者起初拿了杭州建设局的一笔定金，办起这个厂。厂子在武林门，那个时候武林门是很荒凉的，都是坟墓。当时有一个垃圾厂，垃圾厂的老板逃掉了，政府就拿这个地方办起了厂。一开始什么东西都没有的，一个柏油厂，几乎要倒闭。正好那时黑龙江的大庆油田在开发，石油部叫大家去拿石油，工厂就派了20多个人去捞油，捞了100多吨回来，工厂才生存下来。建华炼油厂并到杭州炼油厂以后，我们（指会计科的人）把工厂的各种管理制度都建立起来，工厂慢慢走入正轨。厂里设备还是很原始的，国家没有给

一分钱。那时候财务科和会计科在一起，我们同技术科的关系也都很好。技术科拿出资计划、扩建计划，我们做可行性研究，然后向银行借款，用借款来慢慢把厂子扩大。这个厂慢慢由小变大，从一个柏油厂，变成 5 万吨级的炼油加工厂，后来又从 5 万吨级发展到 15 万吨级；在管理上，各种管理都跟上去了，特别是财务管理还是我一手搞起来的，各种资金归口管理、成本核算、物资管理、固定资产管理，各种管理制度都建立起来了。

搞起来之后，就碰上"大跃进"运动。1958 年"大跃进"以后，根本不管会计了，以表代账，搞无账会计。我也搞过以表代账，可是我坚持一点，银行的对账单每个月一定要给我。当时取消了银行的对账单，银行的账也乱掉了，容易贪污。我就坚持一定要把每个月的银行对账单给我，发现问题马上通知改正。而我们附近的几个工厂一直没有解决这个问题，银行账和企业账一直对不上。

后来，中央提出"调整、巩固、充实、提高"的八字方针。因为过去企业很多数字都是假的，所以中央对会计工作特别重视。我们工厂里面也执行上级的指示，调整、充实了，把各种制度都恢复起来，仅用短短的 3 年生产就上了正常轨道。炼油厂到 1965 年生产力达到历史最高水平，管理也是很有建树。

可是不久，"文化大革命"来了，会计人员都被下放去劳动了，什么（会计）制度都不要。当年谁要打架，就把仓库里的钢管拿过来当武器，也不要领料（手续）的。损失重大，整个（会计）制度被破坏始尽。

1976 年粉碎"四人帮"后，1978 年就拨乱反正了。国家对会计非常重视，《会计人员职权条例》① 《会计法》② 都颁布了。特别是十一届三中全会以后，改革开放了，邓小平南方谈话后，《注册会计师法》③ 也颁布了。国家十分重视会计。

这段时间我们做具体工作的，根据这些指示，把各种制度重新建立起来。

---

① 《会计人员职权条例》于 1978 年 9 月 12 日颁布。
② 《会计法》于 1985 年 1 月 21 日经第六届全国人民代表大会常务委员会第九次会议通过，同年 5 月 1 日起施行。
③ 《注册会计师法》于 1993 年 10 月 31 日经第八届全国人民代表大会常务委员会第四次会议审议通过，自 1994 年 1 月 1 日起施行。

特别是搞了内部经济核算，建立小组、车间、厂部的三级经济核算，再根据中央的指示，开展全面经济核算。我们做了哪些工作呢？首先整理了原始记录，使原始记录符合核算的要求。接着完善计量手段，各个车间、小组，"水、电、风、气、油" 5 种东西的计量仪表全部配好。因为油是以重量计量的，要搞经济核算，弄不清楚数量是算不好的，所以这个工作要做好。怎么计算我们都列了表格贴到油管上，提示根据温度和比重计算出重量。然后是培训核算人员，每个车间至少设置了一个核算人员，对他们进行了培训，班组也开了很多次的座谈会。因为做了这些准备工作，厂里党委书记也很重视，职工代表大会很快就落实，进展也很顺利。

我们还在每个季度季报出来后开一个经济活动分析会，分析整个利润是怎么来的，影响利润的客观因素有多少、主观因素有多少，某一个车间的利润是多少，供销部门去掉支出以后的利润是多少。我们对客观原因、主观原因，对各种因素都做了详细的分析。这个会厂里各个部长和班组长都参加，不但下级人员参加，上级的局长也来听，有时候局里书记也会来参加这个分析会，这样大家压力都很大。这个分析对各个车间，特别是供销科，有一些推动。供销科就怕我们开会，他们叫这个会为"剥皮会"，说把他们的"皮""剥掉"了。

除了经济活动分析会，在炼油厂的时候还有一件事给我印象很深，就是上海外贸公司来订货，我参加了订货会议。炼油厂的主要产品就是柏油。这个柏油在香港市场上已经经营多年了，由于国际市价的降低，上海外贸公司出口柏油到香港要亏损。上海外贸公司让我们每吨降价 200 块钱，而降 200 块钱对厂里来说，是没有利润的，弄得不好还要亏损，所以我们约了时间再谈。之后我们做了一个量本利的分析，将当时的销售价格同成本比较后，发现确实没有利润，但是从可变成本来看，利润还很大。我计算出一个盈亏平衡点：销售 5 000 吨就可以保本。所以我建议不仅同意他们的降价要求，还要比他们要求的降得多：他们要求降低 200 块，我们降低 240 块，条件就是他们要把收购量增加到 5 000 吨。他们听了以后，喜出望外，原来只想降 200 块，结果给降了 240 块！马上同意了 5 000 吨的要求。他们把原来向其他单位收购的柏油都退掉了，转到我们这里，对我们的收购量增加到 5 000 吨。这一年上海外贸公司在香港市场大赚了一笔，占领了市场。本来荷兰人（在香港市场）占了很大的比重，当时，上海外贸公司把荷兰人都挤掉了。我们杭州炼油厂生产的双圈牌的柏油，占领了香港市场。这一次的经历使我感觉到，我们做会计工作的，应该相信会计数字对经营决策能够发挥很大的作用，我对自己的工作也越来越感兴趣。

我在炼油厂的时间一共是34年。这34年间，厂方对会计工作有时候不重视，有时候重视。会计的"两起两落"，我都亲身经历了。我在工作中，体会到会计工作对生产的促进作用，越做越高兴，爱上了这个工作。关于会计的记账形式，我也是经历了几个形式。

我国1937年改革用了西方会计，完全是西方会计。

中华人民共和国成立以后，1958年以前全部是苏式的会计——凭单日记账。日记账很多，财务部门的人不多，一个人要管好多日记账，这个数额记在这里，那个数额记在那里，整个人都在账簿里面兜圈子。苏联的凭单日记账组织是严密的，这是它的优点；但它的工作量也很大，不能快速提供会计信息，效率很低，反应不及时，这是它最大的缺点。所以"大跃进"运动以后都被废弃不用了，之后中国式的会计来了。

中国式的会计就是收付记账法、增减记账法，还有汇总凭证记账法。说起来，汇总凭证记账法是我创造的，因为那时候凭单日记账太乱了，我弄了一个汇总凭证记账法：不是一笔一笔记账，而是一个礼拜汇总集中记一次账；浙江省财政厅有的人还提出"反收付"记账法。那段时间，有各式各样的记账方法，最后用了增减记账法。

改革开放以后，再次引进了西方的会计模式，搞借贷记账法，这是50年的一个反复，后来都国际化了，现在经济全球化了，还是用国际上的借贷记账法，会计不国际化不行了。

1983年至1998年，在浙江会计师事务所

到了1983年，我64岁了，厂里不肯让我退休。11月，财政厅来借调我，厂里的各个领导不肯放我，我只好两面兼顾。就这样，我参加了浙江会计师事

务所①的筹备工作。刚开始在积善坊巷租了两间房子，（事务所）也没有牌子。1989 年，在混堂桥 12 号财政厅的宿舍旁边有一栋两层的楼，财政厅给我们用。当时，这个楼有六七间大房子，也够用了。没过多少时间，财政厅又把体育场路 423 号一栋大楼给我们了，事务所就更加像样了。大楼在大马路旁边，房间也很多，我们就挂上写着"浙江会计师事务所"的一块很大的牌子。

这张照片拍摄于 1994 年夏天，前排左 10 为会计口述历史口述人陈如洪、右 8 为尹锡章

在浙江会计师事务所，我一共工作了 15 年。我去了以后，财政厅聘任我做副主任会计师，负责事务所的工作。实际上在混堂桥的时候，会计师事务所对内是会计顾问处，对外是会计师事务所，财政厅把它看作附属机关。所以财政厅每个礼拜开例会，都要我们去的。

当时会计师事务所的人员主要是聘请的退休人员，为什么呢？因为他们是熟悉西方会计的人，小青年没有学过西方会计，中华人民共和国成立后很多人

---

① 1981 年 8 月 14 日，浙江省财政厅报经浙江省人民政府编制委员会批准成立杭州会计顾问处，1983 年 12 月，更名为浙江会计师事务所，1998 年脱钩改制为有限责任制的浙江东方会计师事务所，后经合并、改制为现在的天健会计师事务所(特殊普通合伙)。

不晓得西方会计，"文化大革命"期间，大学的会计系都被撤销了，全国只剩厦门大学一个会计系。还有一部分人员是学校里陆陆续续分配来的，包括中专的，也包括大学的，他们被分到财政厅后，财政厅再把他们安排到会计处，胡少先①就是其中的一个。

1980年财政部发文，决定恢复成立会计师事务所，杭州会计顾问处是1981年8月建立的，1984年元旦（实际为1983年12月3日）改称浙江会计师事务所，是全国经批准成立的第八家会计师事务所。会计师事务所成立比较早，没有成熟的经验可以借鉴，所以一切都要从零开始。那个时候年轻人还没有做注册会计师的条件，就是靠一批退休的老同志做注册会计师，以他们为主开展这项工作。

当时，社会上不晓得有会计师事务所，认为会计师事务所主要是查账。哪个单位一定是有问题了，才查账，都持这样一种观念。于是我们就尽量找机会做宣传、介绍。我记得几件事。

一个是嘉兴的烟雨宾馆打算和日本合资，要搞可行性研究，但弄不好，几次研究都落不了地。后来我们给它代做了一个可行性研究，代写了合同、章程，这样才被批准。事后，嘉兴市的一个副市长到杭州来开会，他称赞我们，说嘉兴烟雨宾馆这个项目的成立，要谢谢浙江会计师事务所。我们听了，也是很高兴的。

另一个是浙江的一个乡镇企业管理局要组织修建一个联谊大厦，搞股份制，请了不少单位来参加，请他们入股。那个乡镇企业管理局做了一个可行性研究报告，把这个报告交给我们，希望我们做一个评估。我们根据他们的数据测算，计算效益，再进行一个敏感性分析，然后做评估报告。来参加的单位看了我们这个报告以后相信这个项目很有吸引力，效益会很好，敏感性分析也很清楚。那个乡镇企业管理局当场就完成了认股。那个乡镇企业管理局局长对我们很感激，之后一直请我做顾问。

我也参加了好几个外商投资企业谈判。只要有机会，我们都去讲话。我们

① 胡少先（1963年— ），男，现任天健会计师事务所（特殊普通合伙）党委书记、首席合伙人、管委会主任，1984年经组织分配进入浙江会计师事务所。

的目的就是提供咨询，扩大影响，让大家了解我们会计师事务所是做什么的，认识注册会计师的作用。我还参加过一次司法厅办的全省的执法律师大会和一次浙江省对外经济贸易会。

财政厅聘请我做副主任会计师，而在事务所，特别是在事务所的创立时期，一切都要从头开始，压力是很大的。我做了几件我记忆比较深的事情。

第一件事情就是审计的第一家公司，1984年4月审计西湖藤器企业有限公司，当时这家公司成立3年了。这家公司的主管单位原来是浙江省轻工厅，后来主管单位好像变为手工业合作社联合社了。原来西湖藤器企业有限公司特别有名，因为成立3年，连续3年有利润，在全国是典范，省里准备表扬它，省厅还准备把这个企业的董事长调到厅里做计划科长，中央对此也很重视。但企业财务报告一出，我们一看，不对，为什么？都是假的。怎么假呢？就是年底把仓库里的原料给加工厂，算销售，将销售收入入账，但实际上原料动也没动，还是在仓库里。东西都存放在仓库里，做一笔虚假的销售收入，就有利润了。第一年这样做，第二年不得不做，不做第二年就亏损了。第二年这样做，第三年又不得不做。所以连续3年都是这样做的，没有办法，做了一次就没有办法回头了。所以我们一查账，原来是这样一个利润，连续3年盈利实际上是连续3年亏损。省里的一个女厅长，是省委书记的夫人，她到我们所里来了几趟了解情况。她认为我们工作很认真，效率很高。这是第一次审计，我们听到了好的评价。自此以后，凡是女厅长所在厅的合资企业，都要让我们来做审计。这样她也给我们做了宣传，人家本来不认识、不晓得有会计师事务所的，现在厅长正式来了几趟，还表扬了我们，这当然是很值得高兴的事情。

第二件事情，我记忆也比较深的是给省旅游公司设计会计制度。省旅游公司属于省旅游局，局长与旅游公司总经理是一个人，他还兼了杭州饭店的总经理。旅游公司不止香格里拉一家饭店，它在西湖西面有好几家饭店，都是招待所的形式，各家饭店都是实报实销，账乱七八糟的，年年亏损，年年要补贴，很不符合改革开放的要求。这个局长是会计出身，中华人民共和国成立的时候是杭州解放路百货公司的会计科长。他晓得重视会计，让我们设计一套会计制度，同时也委托了杭州商学院（现在的浙江工商大学）设计会计制度。我们设计一套，杭州商学院设计一套，他看哪一个更合适。

那个时候中央旅游局向全国重点介绍北京建国饭店的经验，我们去北京建国饭店看过，同时我们也研究了建国饭店的统一会计制度。我们是怎么设计的呢？一个是会计核算上用了借贷记账法、权责发生制；另一个是从建国饭店学来的会计人员垂直领导——从会计、财务一直到前台核算等会计人员，都归财务部管。我们加强了内部凭证的流转程序规范，明确了各级人员职责，要求前台核算人员每天下班前做好当天的会计报表，下班的时候放在总经理的台子上。第二天一早，总经理一来上班就可以看到会计报表，这样他对前一天的经营情况都了解得一清二楚。我们就设计了这样的制度，省旅游公司采纳了我们的设计。

这个制度被采纳以后，先在望湖饭店试点，然后再全面铺开，所以可以说省旅游公司的饭店是做了一次会计改革。后来，杭州市又搞了一家旅游饭店——新侨饭店。负责筹办的同志听了省旅游公司的介绍，就找过来了，他们说制度设计、人员招聘、人员培训这一系列都要让我们做。我们当初收他们多少呢？才3万块钱。厅长听了，说做那么多的工作，才收了3万块钱，起码5万块钱吧。那个时候我们认为3万块钱已经不得了了。其他的项目只收千把块钱。帮新侨饭店设计了一套会计制度，收了3万块钱。

我们给省旅游公司设计的一套制度，有依据，也适合新侨饭店的实际情况。我们设计了制度，还给他们招聘会计人员，培训人员，实施这个制度。整套饭店的财务工作流程、凭证管理，都在会计制度里面。杭州新侨饭店开业那天，我们代办财务，到他们前台跟他们一起上岗，结果是开业一次成功。一次成功在当时国内是不多的。《中国旅游报》马上用头版头条把这事刊登出来了，对我们大加表扬。这是我们做的扩大影响的第二件事情。这以后，杭州的中外合资饭店，除了新侨饭店，当时还有香格里拉饭店、黄龙饭店、中日友好饭店，都来找我们设计制度。

省旅游公司经过了一次国企改革，效果立竿见影，加上新侨饭店这个制度也是开业一次成功。这样一来，大家都很信任我们，我们的影响扩大了。还有，同省的对外经济律师事务所与我们也加强了联系，我同律师事务所的主任律师互做对方的顾问。我跟他说："有客户找我，我就介绍他找你（负责法务）；有客户找你，你就介绍他找我（负责财务）。"这样做就进一步扩大了宣传，提高社会各界对会计师事务所的认识了。

这些工作，可以说是会计师事务所前期创业阶段的工作。

我们一些职工都是退休的，事务所以退休的人为主一直到 1998 年。1991 年以后开始注册会计师考试，年轻人、新鲜血液就来了。你知道退休的人待遇多少吗？刚来的时候发退休补差，我是副主任会计师，负责人，一个月 25 块钱。其他的人一个月只有 15 块钱。这些退休的人之所以能够来，主要还是因为对注册会计师事业的向往，感觉到这个工作是受人尊敬的，有一种荣誉感，不在乎待遇高低，不计较待遇，所以我去请，他们都愿意来。有一次我到华丰造纸厂，他们有一个会计师要退休了，是东吴大学①毕业的，做会计工作几十年了，我就邀请他来我这里做。各大会计师事务所都去挖人，杭州会计师事务所②也跑去找他了，我早去了 3 天（就挖到了人）。事务所发展主要是要有人，没有人根本事情都做不完。

后来我看企业已经发展那么大了，每年都有好几千万的收入了，财政厅也放权了，我就拟了一个待遇办法：根据收入提成，收入越多提成比例就越多。提出来的钱怎么分配呢？参加工作的人，根据他的责任大小，做出系数，根据系数来分配。这也是一种激励的办法。所以大家都很积极争取业务，本来是等着分配业务，后来他们都出去"找关系"去了，积极性和主动性提高了。

到了 1998 年我 80 岁，我自己感觉到干不动了，年轻人都成才、要上来了，我的子女也不让我去做了，我就离开了。

我觉得会计师事务所关键还是靠人。离开时，我觉得浙江会计师事务所好

① 东吴大学 1900 年在苏州创校，是基督教监理会在中国创办的教会大学之一，为 20 世纪初中国第一所民办大学。可溯源到 1871 年在苏州设立的存养书院。
② 杭州会计师事务所前身为 1981 年设立的杭州会计顾问处，后脱钩改制为浙江东方会计师事务所。2009 年年初和天健会计师事务所合并为浙江天健东方会计师事务所，演变至今是天健会计师事务所（特殊普通合伙）。

像从一个需要抱着的婴儿变成 15 岁的英俊少年了。我写了一首打油诗，就回家了。

惜别

改革征途共驰骋，

十五驹光一瞬时。

白首殷殷情永在，

海天高谊苦凝思。

期望

最近 10 年，会计的巨大变化，我虽然不是很清楚，可是我看到很多成果，会计准则逐步完善了，而且跟国际会计准则是趋同的，这为将来中国自己的注册会计师走向世界铺平了道路。我已经 95 岁了，不晓得什么时候走，顺其自然了。希望呢，只有一点，我希望在我有生之年，能够看到在世界（国际）的经济社会里面出现中国的会计公司。什么三大、八大，不晓得现在美国有几大了。中国呢？我希望实现的中国梦里面有几家中国会计公司，希望在世界上也有中国的几大，我希望也有我们天健在里面。我是天健的创始者之一，所以有割不断的血缘关系，所以特别关心。

（整理人：尹成彦、赵健；会计史特约审阅人：张辉、宋小明；胡少先为本文整理提供了协助。）

尹锡章会计口述历史相关文章和专题片

陈安怀：老骥伏枥　不忘初心

　　陈安怀（1919—2016 年），男，汉族，四川泸县人，毕业于西迁到重庆的立信会计专科学校。陈安怀曾在立信会计专科学校、锦西化工厂、化工部干教学校、湘东化工机械厂、湖南财经学院等多家单位工作。2016 年 9 月 18 日，他在湖南长沙逝世，享年 97 岁。

会计口述历史

陈安怀

2016, 4, 06

口述情况

时间： 2016 年 4 月 26 日

地点： 湖南大学北校区陈安怀家中

项目负责人： 曹巧波

现场工作人员： ——现场访谈/曹巧波

　　　　　　　——摄像/韩非

　　2016 年 5 月，曹巧波对口述速记稿做了整理。

2016 年 4 月 15 日，会计口述历史受访人余盛钧到访上海国家会计学院并知晓了自己的老师陈安怀是下一个受访人，于是陈安怀和自己的学生余盛钧有了一生第一次电话通话，也可能是他们最后一次电话通话。电话通话后，余盛钧给自己的老师写了一封信，委托会计口述历史项目工作组转交陈安怀老师。4 月 26 日，陈安怀读到了这封信。

余盛钧给陈安怀写信

陈安怀读余盛钧写给自己的信

地址：上海市青浦区蟠龙路200号 Add.No. 200, Panlong Rd., Qingpu District, Shanghai,201702
电话/Tel: 8621-69768000　传真/Fax: 8621-69768077　E-mall: office @snai.edu

安怀老师您好：

首先祝您健康长寿。

我是1944—1946年就读重庆立信专科学校市区班第三届的学生，当时班主任为王连章老师，也得到您的教文诲。

这次到上海母校新校区拜访，闻听到上海国家会计学院，探求访问您，特论请他们代为问候。人生在终老之年，到获知老师信息，窝为无眠，尤你之珍贵。致祝

百年平安幸福

余盛钧于上海踌乐之际
偶笔手招时年94岁
2016年4月15日.

www.snai.edu 学院主页 | www.afdc.org.cn亚太财经与发展中心 | www.esnai.com 中国会计视野
www.esnai.net SNAI远程教育 | emba.snai.edu EMBA课程网站 | edp.snai.edu公开课程网站

余盛钧写给陈安怀的信

学会计之前

我是四川泸县人，老家是桐兴乡。1919 年 11 月 6 日出生，今年是 2016 年，还有三四年我就 100 岁了。

我家在农村，家庭成分是小地主兼商人，我后来决定学会计与这有关系，因为我是商人出身。为什么读专科？——没有钱，为了少花一点儿钱，就考一个专科，有一个专业能够谋生也就足矣。那时候的思想很简单。

在我学会计之前，我在小学教书教了两年，在民众教育馆做教导主任差不多一年，后来还当了一年中心小学校长，学校在四川泸县第四区的福集场（在福集镇），现在福集场是县城所在地。福集镇离我老家桐兴乡不远。

当校长是我自己感到很兴奋的一件事，别人要当校长必须要参与"六腊战争"。在那个社会，（想当校长）六月、腊月就到县城去活动关系，所以就被称为"六腊战争"。我当这个校长，不但没有去参与"六腊战争"，还是教育科的科长到我们工作单位要我去当校长，开始我还不愿意干，最后经过他的动员，还给了 100 块钱，我才去的。为什么？当时，我刚在成都学了民众教育，那时候是以民众教育馆工作人员身份去学习的。我刚学习回来，想做一段民众教育工作，当时马上把我调走了，我觉得不太好，所以就不想去。教育科长当时就表态：福集那个地方是一个区所在地，有一个民众教育馆，没有馆长，你去兼馆长。我就只好去了。

为什么要找我当校长？是因为那时"六腊战争"已经结束，学校开学已两个星期，县长跑到区里，当地人向他提出书面要求——这个地方要办个中心小学。为什么这里要办个中心小学？因为那儿是四川隆昌与泸县之间的一个中心点，公路刚修好。这种情况下，作为一个中心点没有一个中心小学不好。县长当时就表态同意，打电话给教育科长，让他马上派一个人来。因为小学已经开学两个星期了。而参与"六腊战争"的人，胜利者已走马上任了，失败者已"解甲归田"——回家了，没有人。我在县里工作，教育科长知道我是那个地方的人，由此我就享受了这个待遇。

1940年，担任小学校长时的陈安怀

重庆立信求学

我对行政工作一向不大感兴趣，不愿意做领导工作，觉得麻烦。搞了一个学期以后，就到重庆考学校。立信会计专科学校是从上海迁到重庆的专科学校，我是立信迁川后的第一届的，是1941年入学的。上海沦陷了，学校不得不搬迁到重庆来了，当时的校长是潘序伦。

潘序伦非常勤奋，在他工作很忙的时候，他也还在读从美国带回来的英文书，工作上也很努力，忘我地工作。他在工商界的声誉很高，那个时候，他已经被视为会计泰斗了。他在重庆市区建了一栋三层高的立信大楼，立信会计专科学校市区班、立信会计师事务所和印刷厂都在那栋大楼里。另外，他还在北碚买了几座洋房，也修了一些房子，全日制的立信会计专科学校在那里，我就在那里读书。新房子修了礼堂，礼堂兼饭厅、学生宿舍，洋房是老师们的宿舍和办公的地方。这很不容易，我们在读书的时候，对潘序伦很敬仰。

那时候还有一个老师是马寅初①，这个人学识渊博，给我们讲经济学和哲

---

① 由于对中国国民党进行猛烈谴责，马寅初于1941年12月被逮捕了，先后被拘禁在贵州息烽集中营及江西上饶集中营；1942年8月被释放、监视居住在重庆歌乐山。

学，他将两门学科合并起来、联系起来讲，有些地方联系到哲学问题就讲哲学问题。他当时被软禁后刚放出来，别人不敢聘他，但潘序伦敢聘他当我们的教授，还让他住在学校。马寅初当时在学生中的威信非常高。我们在教室里听课，窗户外都是学生在旁听。那时候北碚还有个复旦大学，那个学校里的很多学生都来旁听。北碚就这两个高校，其他的高校在重庆沙坪坝市区，比如重大（重庆大学）、南京中央政治学校等。

当时开经济学年会，马寅初作为经济学家是可以参加的，但人家不要他参加，他住的宿舍正好在学校礼堂旁边，礼堂讲话他都能听见，但就是不让他参加。星期天他到街上演讲、茶馆里演讲，有好多学生听。讲完以后，学生还不肯散去。

还有一位老师是钱素君①，她跟潘序伦是同学，备课非常认真。

还有一位老师是李鸿寿②，他当时是南京国民政府立法委员，但没什么事，一年开不了几次会，就住在我们学校，讲工业管理。他通过关系，把我们带到天府煤矿坐火车，带我们到车间参观。在那之前我没有坐过火车，也没有见过火车。他在实习方面很认真，他带我们去工厂。我们没有见过工厂，哪能见到那么大的工厂？他带我们去看了。

立信的情况我也简单讲一下。立信有个特点，据说到现在还是这样——注重应用型人才的培养。学生毕业以后上岗，就相当于一个熟练的员工。立信对实用学科和技能很重视。当时读专科（大专），每天下午最后一个小时是做珠算练习。一个学期下来后，基本都可以"混"得不错了。学校还给我们开了英文簿记课，这对学生到外国公司工作有利。所有会计科目、摘要、账簿、报表全是英文的，自己做练习也是用英文，对一套流程熟悉了，上岗后马上可以用上。

---

① 钱素君（1897—1991年），女，会计学家、会计实务专家、会计教育家，"三位一体"立信会计事业的主要支持者和参与者。1927年，钱素君从美国加州大学商学院毕业后回国，曾任暨南大学会计系主任，代理暨南大学商学院院长；1943年1月，任立信会计专科学校教务主任；1945年，随学校迁回上海；1980年，任立信会计专科学校校务委员。

② 李鸿寿（1909—1998年），男，1931年从上海复旦大学毕业后，在立信会计师事务所工作，同时兼任复旦大学、沪江大学、上海商学院教授。中华人民共和国成立后，李鸿寿曾任上海财经学院副院长、中国会计学会顾问、上海市人大代表、上海市政协常委、民盟上海市委副秘书长等职，著有《会计学概要》《现代会计学》等。

那时候班上有六十来个人。当时招生不是统考,是各个学校自己招。不过校舍有限,每年只招一次,我们是两年制的专科,一届在校学生 200 人左右。

中华人民共和国成立前的工作

从学校毕业以后,学校最初要我留校,后来不知道什么原因就变了。我不是重庆北碚那个地方的人,最后留校的学生都是北碚人,我估计跟地域有关系。

我参加了交通部公路总局考试,考取后我被分在川滇公路局,上班地点是在贵州毕节。为什么要把我分到那里?因为我是四川泸县人,泸县就在川滇公路上。抗战期间,会计局(会计处)的处长说因为我考试考得最好,要把我分到那里去,意思是将来抗战胜利了,下江人①回乡后,要有接班人。我在那里干了不到一年,实在干不下去了,那个地方还不如四川很小的县城,只有一条路,交通很不方便。当然,那时候中国在抗日,东边被日本封锁了,靠那一条路②运进来物资、汽油,交通极不方便,生活很艰苦。

当时,那边对我很重视,给我安排的工作是记总账。工作很清闲,全科有二十来个人。临走的时候,科长留我,我说接受不了。然而我回到泸县找工作也不容易。1944 年至 1946 年间,我在县政府当会计师当了几个月,不到一年。之后有一个机会到地方法院工作,因为地方法院的院长要走,要把会计带走。新院长是原来的检察官提拔上来的,会计由司法行政部派下来,还不能用地方上的人,但是当时部里没有人选,只好把我招进去。我的表哥在法院工作,法院的人经常去我表哥家打牌,知道我,就把我招进去,具体职务名称是

① 在四川一带,下江人是对川外长江中下游一带外省人的称呼,是对湖北、湖南、江西、安徽、江苏(包括原属江苏的上海)乃至浙江、福建各省人的统称。有时也延伸指所有外省人,如昔日西康省位于四川之上游,对西康省人也称下江人。

② 实际上是指两条路,滇缅公路和滇川公路。滇缅公路起点在中国云南昆明,终点是缅甸腊戌,全长 1 453 千米,公路始建于 1938 年春,于 1938 年 12 月初步建成通车,以后陆续加以修建,是抗日战争时期中国西南后方的一条历时最久、运载量最大的国际通道,有力地支援了抗日战争时期的中国。川滇公路(又称滇川公路)是连接滇缅公路,1944 年滇川公路全部竣工,国际援助通过这条公路可直达陪都重庆。

书记官，跟现在法院的职务名称一样，实际上是负责会计类的工作，还有出纳等。当时的会计有个超然主计制度，即会计人员不用单位领导委派，而是由上级部门的会计部门来委派，如此，会计就可以不受单位左右，贪污行为就不可能发生。

法院收的保证金或者罚款都得上交，不通过会计部门，在收款部门就办理了。对于保证金，我的印象很深，那时候物价飞涨，钱存在银行的利息有百分之十几，这些（保证金的）利息去哪儿了？将来给你还保证金，不会还你利息，就把本钱还给你，利息就装进（自己口袋）去了，而且还不让会计参与。

那时候我的会计工作是核算法院的经费开支，包括人员工资。上面拨款下来后，我们来做报表，跟司法工作不相关，就是管经费。

最后抗战胜利了，我对这个工作不感兴趣，就回到重庆到了立信会计专科学校①，那时候的负责人王逢辛②是我的老师之一。他见到我后，就积极地游说，让我在那里工作。当时我一方面查账，一方面做教务主任管学校事务。王逢辛是上海人，抗战胜利后要回上海，重庆这边就没有人了，我就申请做会计师，经过批准后就做会计师兼教务主任，白天在会计师事务所工作，晚上在学校，当然，是在同一个地方。在这过程中，我办了夜班，夜班是单科班，读一门考试及格后给一个文凭，但这个文凭没有经过教育部门盖章，只是一个文凭。当时的文凭上，校长是王逢辛，教务主任是我，都要盖上签名章。单科班当时有五六个班。一、三、五班和二、四、六班是分开的，晚上上课，那时候有3个教室可以用。另外还办全日制的速成班，招的是一些待业或失业的学生。全日制学生是白天上课。那个时候的立信学费大概是一个学期七八块钱。当时一般人员的工资是一年三四十块钱。

立信大楼有一层楼是教室，原来设专科市区班的时候就在这里上课。当时补习学校在青年会所在的楼，因为青年会有地方，就跟它合办。后来专科结束——我去的时候还没有结束，最后还有一个学期——就把补习学校这部分迁

---

① 抗战后留在重庆的是立信会计专科学校重庆分校。

② 王逢辛（1910—1998年），男，上海人，"三位一体"立信会计事业的主要参与者，民国时期重庆立信会计师事务所的创办者之一、首任主任会计师。

回去了(到立信大楼)。当时立信的学生一直爆满，学校容不下，没有办扩招。

做教务主任是管全学校的事务，聘老师、管理学生、管理老师。校长主要是管会计师事务所的事情，不怎么管学校。事务所接下的任务或者会计师最后要提出报告，一般要经过校长看一遍、修改，然后盖章。学校基本是交给我这个教务主任来管的。白天上课的学生走读，吃饭不在学校，而是在立信大楼。学生不是很多，但聘请教师以及教师上课好坏我要管，如果老师上课不受学生欢迎，那我这个教务主任就有点麻烦了，要做工作，或者换人。

那时候会计师事务所的客户好多。那时规定国营企业(国家办的企业)必须要请会计师事务所查账，对会计报告也要一起审查。我们查过的企业有裕华纱厂、重庆缆车公司等，五花八门。甚至棺材铺也请过我们去查，棺材铺的账是中式的账，不好查。

过去当会计师要经考试院、经济部发执照，还要到公会登记成会员才能执业。

那时候立信收费比其他的会计师事务所都高，有时候收好费用后王逢辛会打个收条交给客户。

关于在会计师事务所时我们的待遇，我们常开玩笑说，一个月的工资可以买5件衬衫。校长过年过节会把你喊到办公室里，给你一张纸条(工资条)。你拿了多少我拿了多少，同事之间互相不通气、互不知道。根据不同工作岗位或者不同的贡献，由他开个支票给你。反正从办公室出来，都是高高兴兴的。

后来由于政治上的变动，学校要把学校校长的职务交给我，我坚决不干。一个是当时生源少了，收入少了，事务所还有一摊子人，怎么遣散、怎么解决都是问题，要我来解决，怎么可能呢?再一个，当时，我感觉私立学校的前途渺茫，我去当这个学校的校长，将来自己的一切都可能成问题，所以我谢绝了。

援建东北

谢绝学校以后，我加入了东北人民政府重工业部。

中华人民共和国成立以后，东北人民政府重工业部派人到重庆招聘人才，不光是招会计，各类的人才都要。当时的东北跟北京有很多不同，用的钞票都不一样，到山海关出关的时候，火车要停下来，大家把人民币换成东北币。

1950年3月，我被分配在锦西化工厂工作。锦西化工厂很大，走一圈有10华里①长，里面包括化工厂、石油厂、机械厂三个部门，当时的职工有3 000多人。但没有管理人员和技术人员，日本投降以后人员都撤走了，只留了一个总工程师和一个工程师在那里。那时候如果不招聘人才去，工厂是没有办法开起来的。从上海招聘了不少人，靠这批人才把工厂搞了起来。东北的生活，我们很不适应。吃的东西不同，我们吃大米，他们不吃，过年过节会给南方人一点大米吃。他们吃高粱米，吃玉米，把玉米磨成块状，这样吃，我们吃不了，但是当时我们是参加革命，跟过去参加革命当兵一样，热情非常高，后来又遇到抗美援朝，美国人打到鸭绿江边，很危险，但我们的生活很稳定、很安定。我认为那一批支援东北工业的人是出了力的。

那时候的会计完全学习苏联，跟我们以前学的不一样，我们学过了西方会计，苏联的会计也是学习西方的，所以基本是一样的，很容易接受。当时苏联专家的威信很高，会计方面有专家坐镇，有什么问题就去找他。当时学习资金计划，我去编成本计划，做了半年多以后，遇到了瓶颈。一个是不懂，确实不懂，没有历史资料；一个是没有编过成本计划；专家一会儿说这样编，一会儿又说那样编，编好报上去又说不行，退回来重新编，搞了半年多。这是我亲身经历的。另外是没有人才，完全靠招聘的人也解决不了问题。后来实行车间核算，那时候鞍钢搞出来一个班组核算，大家便都去学鞍钢。

我在那里先做会计师，后来还做了两年的会计科长，全科有六七十个人，一个科长相当忙。特别是那时候要求我们要关心青年人，要经常和他们谈谈思想、聊聊个人的进步。我没这个时间，怎么做这个工作？所以我干了两年就不干了。

---

① 1千米＝2华里。

那时人少事多。按季算工资，完全是靠算盘来算 3 000 多人的工资。固定资产，按照苏联的要求，都要设卡片管起来，而厂又那么大，建立卡片后，固定资产调来调去，得登记，得办理，这也要七八个人。还有资金组，管资金计划，有人领钱时，资金组按计划审核，超没超过计划要登记。账务组人更多一点，因为完全是手工记账，3 000 多人的料单要一笔一笔地计算。不过那个时候已经实行按计划价格核算，省了好多事。如果按照 1949 年之前那样，按实际价格计算会更麻烦。

苏联人在东北推行计划成本、资金计划(现在叫财务计划)。材料用计划价格计算，现在还有，这对中国的建设有好处。当然现在有电子计算机来计算，快很多，不需要那么多人。那时候的会计人员的水平比较低，工资组和材料组的会计都是过去的东北商人，之所以把他们叫来干这个事，是因为他们会打小算盘①，而且打得快，如果没有商人去干这样的工作，最后会完不成任务，那个计算量很大。

关于会计职称，那时候完全实行苏联的办法。会计师不是职称而是职务，这个职务的等级很高，企业的会计师的工资等级相当于副总工程师。

因为有在立信会计师事务所当过会计师的证件，我到那就做会计师。我的工资在当时是东北币 305 分，厂里每月根据政府公布的工分值来计算工资，计算量很大。那个时候的会计师地位很高，我出差都享受坐软席的待遇。

1956 年东北实行工资改革，那时候我已被借调到化工部，我的工资大概是一百三十几块，比原来稍微提升了一级，职称的名字也改了，叫主任经济工程师。会计师也能做主任经济工程师，职称高一点的人是主任经济工程师，一般的人是经济工程师。那时把会计人员看成是一个技术人员，因为苏联是这样的。

在化工部教学

1955 年年底我被借调到化工部。化工部举办财务人员训练班，他们知道

---

① 此处小算盘应指五珠算盘，区别于七珠算盘。

我以前是在立信教书的老师，又当过教务主任，就把我调进去了。化工部在天津渤海大楼，办了一个财务人员训练（培训）班，为期3个月。我教财务管理，另一个老师教财务计划，还有一个老师教会计。公私合营后的永利公司在天津有一个办事处，有房子，有院子，（我们）就搬到那里。这个班快结业的时候，我被领导称为"既有理论（基础）又有实践（经验）的好老师"，这一下使我和化工干校结下了不解之缘，后来的几十年基本是在化工部"走来走去"。干校不像正规学校每学期招生，而是根据工作需要，需要人的时候就开一个班，这个班结束了就不开了。老师有时候被调到干校去上课，没有课上时，就到部里或者企业里工作。

在北京办了干校，在天津也办了。天津是在两处办，还专门修了校舍、老师宿舍、学生宿舍、教学大楼、食堂，有一全套，钱花得还真不少，但后来不用了，校舍送给了化工部的一个研究院。后来又在吉林化学院办了个大学生班。当时师范学院的毕业生分配不出去（过去是包分配的），化工部就在数学系的毕业生里要了100多人。大学生接受能力比较强，学习一年以后，把他们分配到各个企业，有的人因为专业不对口跑了，有的人后来成了企业的中层干部。

我在化工部财务司工作了3年，那段时间我具体在哪儿说不清也分不清。我在干校教书，他们对我有好评，觉得我还可以，有课时我要去，没有课时我也得去，有好几次没有办成调转手续，所以现在记不清、分不清了。我估算了一下，我在企业里待了有4年，化工部财务司是3年，在化工部干校干了17年（其中包括10年的"文化大革命"时间），所以从中华人民共和国成立到1980年，这30年时间我在化工部、干校之间来来回回。化工部干校不是个正规学校，缺什么课就上什么课。几门会计课，我基本都教过，比如工业会计、经济活动分析、成本会计。

我在化工部的3年时间里主要是搞会计制度。一个是搞成本计算规程，这是给各局设计，财政部不管。因为各局的生产流程不一样，成本计算离不开生产流程，根据生产流程决定怎么计算，在化工部这块就是我管。各局平时有什么问题，就会问一问我该怎么处理，也包括会计制度。再一个是每年要修订一次财务制度，财务司要下去调查研究，时常要去了解情况。当中有一年，当时部长是彭涛，部长在开厂长会议时做报告，司里要我去写财务制度方面的情况，我费了好大的劲。在部里写这些东西，不是我们做教书育人工作的人就可以写得好的，必须要了解领导的意图和平时对这个工作的要求。根据领导的想法来写出的东西他才容易接受，否则他就不接受。后来我写出来，送到他家里去，改了半天，后来交给秘书，让秘书来改。改了以后就没剩多少，只剩下几百字。

到化工部以后，化工部财务司考核我，找我谈话谈了半天，最后给我定为 15 级。15 级相当于厂、处级，正厂长 15 级，大机关的处长是 15 级。我在东北已经是一百三十几元的月工资，但机关里没有这个工资层级，130 元就是副厅级了，结果定了 124 元的工资。那时候 124 元的工资是很高的。那时候在企业累一点，工资高一点。在机关清闲一点。

化工部还办过一个师资班。那时候把大企业改为公司，把小公司、小企业并到大企业里面。总厂把济南、青岛的小厂并入总厂，由总厂来管。大公司、大工厂派人来学习，把他们培养好以后让他们回去当老师，再培训员工。这个课很难，我想他们所缺的是理论，而且不会教学方法，因而无法上台讲课。我就针对这些问题给他们开课，采用的书是《工业会计》，一章一章地往后讲，这一章或者这一节重点要讲什么问题，要学生学懂什么问题，有什么理论，都给他们讲了。结业考试不是用试卷考，而是试讲，在班里讲。那是在北京燕山化工学院办的班。学习结束后，他们都很满意，学到了东西，回去教书有了把握。另外我把给他们上课的讲稿修改后印成了一本书，发给他们每人一本。到后来学生评职称的时候，这本书起了作用，好多学生跟我联系时说感谢我当时搞了这个东西。

学校培训是归化工部财务司管。师资班在北京、吉林、天津、江苏南京，我走了 4 个地方，而且我在南京待的时间很长。在南京期间"文化大革命"开始后就没上课了，我被下放到车间当劳作工，还学怎么劳动，学做模型、做机器零件。

我是从南京到湖南来的，那是 1973 年。

那时候搞三线企业，南京承担了在湖南攸县建一个化工机械厂的任务，铁路部门为此专门修了个支线，但搞起来后就发现不行，运输成本太高：产品都是化工部所属的企业要的，材料要到长沙运。这样就没搞下去。这个企业后来倒闭了，化工部不要它了，办公室、机器都送人了，好像是给了一个焊条厂。这个事浪费了人才，这么一搞，很多人一辈子就过去了，钱也不知道浪费了多少。

南京化工厂规定，招工可以把员工子弟招进来，但员工本人必须要到湖南去。我儿子到厂里来当学徒，所以我就到了攸县。

后来我参加省里化工局组织的检查，这一检查就被化工局"抓住了"。检查完了，向厂长汇报，有意见就提出意见，怎么改进，就是我的事。我去给厂里做报告，搞了好久，一直在外面跑。

检查一般就是简单看看，厂里员工有什么特长就演给我们看，最后由厂长汇报。化工局的局长没有参加过，会计处或工商处的处长参加过。对方很重视，检查者说检查结果不好的话，对他们的影响会很大。有一次我们干了一两个月，省财政厅要修改他们原来定的省内企业用的会计制度，就让各局派一个对业务比较熟悉的人来，大家共同来商量把会计制度搞出来。化工局把我派去参加讨论，最后省财政厅把我留了下来，留下的还有财经学院的一个老师，我跟他一起修改会计制度，最后印发出去，这样，就认识了湖南财经学院的老师。财政厅的人，他们都了解我这个人，所以1980年5月我就被调到湖南财经学院了。

在湖南财经学院

当湖南财经学院要调我的时候，省化工局不放我。化工局财务处反对：不应该把他调走，他在部里财务司工作过3年。这样就耽误了好几个月时间。最后是我不愿意在化工局里工作，愿意去学校工作，所以就到了湖南财经学院。

到湖南财经学院后先说好是让我教书。当时他们准备办《湖南财经学院学报》，没有人才。他们把我留在学报编辑部，我是真不愿意的。后来采用了折中办法，把我的名字留在系里，工作的话先暂时搞一段时间的编辑。这样对我评职称有影响。1981年，学校第一次评职称，我还在学报编辑部。当时学校里评职称由系里报上去，由处长、系主任等中层干部开会来评，在系里我是被推荐的，说我过去怎么怎么样，但评委们不相信："他在学校里没上过课，会不会教书还不知道，怎么就能评教授、副教授？不行。"我没有被评上。领导给我做工作，说以后每年都要评，差一年没有关系，明年就可以评了。这样就耽搁了，这对我后来的影响很大。后来系里发现没有教财务的老师，就让我教财务管理。不久后还要开会计制度设计课，这课在中华人民共和国成立以后没有开过，中华人民共和国成立以前也很少有学校开，我在立信读书时都没有学过，这是本科的课，我是专科生，但我在化工部讲过相关课程。

我写《会计制度设计》，先是用油印本做教材，也在长沙交通学院讲。后来会计制度设计是职称考试的必修课，是必须要考的，这是省教育厅规定的。《会计制度设计》这个教材在那时候还没有出版，正式出版的时间，我现在记不得了①，是西南财经大学出版社出版的，发行量很大。前后印了6万册。

这本书，我觉得还不错，因为我确确实实做过不少会计制度设计的工作。为了写这本教材，我就去上海找我的老师钱素君，她原来写过这样的书，但书找不到了，她后来也没有开这个课程。我完全是白手起家，重新来写。

1983年，我开始做会计师评审，就是中级会计师评审。后来中级会计师评审分给各个管理局了，由他们成立评委会评会计师。高级会计师由财政厅成立评委会来评审。我（被）分在高级会计师评审委员会。1985年以后就开始评高级会计师了，那时候我还是个副教授，是副高级。高级会计师是副高级，我自己也是个副高级，做评委不合适，但当时确实没有人才，财政厅觉得我还不错，有经验，对我的情况又了解，最后还是用了我。高级会计师评审委员全省只有7个人，其中有2个领导干部，其他5个是学校的老师。这个工作，我觉得自己干得可以，还不错。我参与评出了全省1 000多名高级会计师。

---

① 1988年4月出版。

1982 年我评副教授，报上去后碰到职称评定停了 3 年，真正批下来是 1985 年。因为做编辑工作，从 1980 年算起，我评副教授职称一共耽误了 5 年。到了 1987 年评职称，学校主动把我作为教授报上去。但当时规定要当 4 年以上副教授才能够参评教授，我不具备这个条件。1988 年我退休了。

退休后写书

1992 年，退休后在家写书

著作的话，我写了两本书：一本书是《会计制度设计》，另一本是《会计电算化基础》。我是 1988 年退休以后开始写《会计电算化基础》的，那时候我将近 70 岁。那时候电脑、电算化对我来说是高不可攀的，年轻人才搞这些，老年人基本是望而生畏。当时我碰到一些熟人，他们说："我们已经老了，不能干会计工作了，现在会计搞电算化了，我们想改行了。"我听着心里很难受。会计电算化就不能学吗？所以我就想以会计人习惯的语言描述会计电算化软件是怎么"编"成的，通过软件把数据算出来、把报表编出来。

我花了几年工夫学习后写了这样一本书，想消除大家对会计电算化的恐惧。我将近 70 岁的人都在学，你 30 多岁的人还不能学吗？那时候有的书，包括软件书、会计书，全是工程技术人员写的，还没有一个会计人员写这类书。

《会计电算化基础》1993 年才印出来①，后来印了几次，且出了修订本，一共印了五六万册。当时这本书我主要是为老会计人写的。我为能写出这本书感到欣慰和满意。这本书，是我的儿子跟我一起写的，他那时候正在学校里读会计研究生。

我敢于吃这个苦，是受了潘序伦的影响。潘序伦翻译那么多书，特别是《成本会计》翻译得非常好，我们读起来如读中国人写的书一样，根本看不出来外文的语法结构。他文学功底很好，写得很好。中华人民共和国快要成立时，他到重庆住过一段时间，我去看他的时候，他在读书，读外文书，他的行为对我影响很大，那时候潘序伦老师也已经 60 多岁了。

总结与期望

关于我的人生，很简单：开始学会计，是为了有一技之长，能谋生、能生活就可以了。就家庭而言，我家的成分是小地主兼商人，这对我没有什么太大的影响。我工作以后，比较勤奋，毕竟我是专科毕业，只学了两年会计。

评副教授之前，我的工资是 14 级（副厅级）②，我出差坐软卧，也给我报销，到医院看病住高级干部套间。被评成副教授后待遇恐怕连处级都不如，我评了副教授职称后工资反而降了两级。如果年轻一点，假如我是 50 岁到湖南财经学院，干了 10 年、20 年，一切问题都没有了，所以我也无所谓了。好在我原来的工资还不错，后来虽职位降了，但工资提高了，现在还有 5 000 多元，也可以了。我的人生，我觉得我还做了点事，就于心无愧，对得起大家，这就可以了。我自己心里也平衡。开句玩笑，我 97 岁还能这样，可能与我的心态有点关系。新闻经常讲贪污分子，我有时候不理解他们，理解不了，贪污钱把老命都丢掉了，这是何苦呢？

我总觉得，一辈子能为人民干点工作，做点好事，不要做坏事，就对得起

---

① 《会计电算化基础》，陈安怀、陈敏编著，西南财经大学出版社 1993 年出版。
② 此处与前文所述的在化工部时的 15 级似有冲突，但时间不同、地点也不同，我们也无从考证了。

人民，对得起自己的子孙后代。子孙后代对自己的长辈都是很尊重的。假如你做了一些为人不齿的事，或者被人看不起的事，那就"无脸见江东父老"，无脸见自己的后代，我一向以这个原则来要求自己。

（整理人：尹成彦、赵健；会计史特约审阅人：张辉、宋小明。）

陈安怀会计口述历史相关文章和专题片

潘屺瞻：一家两泰斗

——潘屺瞻记忆中的父亲潘序伦与丈夫管锦康

潘序伦(1893—1985 年)，男，江苏省宜兴县丁蜀镇人，中国民主同盟盟员，中国现代杰出的会计学家和著名教育家，是发展我国会计事业和培养我国会计人才的先驱，立信会计事业创始人。1919 年，潘序伦进入上海圣约翰大学，毕业后获文学学士学位，1923 年获哈佛大学企业管理学硕士学位，翌年又获得美国哥伦比亚大学经济学博士学位。1924 年秋，潘序伦回国，先后创办了潘序伦会计师事务所(后更名为立信会计师事务所)、立信会计专科学校、立信会计图书用品社等，出版专著、译著 30 多部，发表学术论文百余篇，其代表作有"立信会计丛书"《高级商业簿记教科书》《公司理财》《基本会计学》等。

管锦康（1918—2013 年），男，浙江海宁人，中华人民共和国审计学的开拓者之一，天津财经大学终身教授。1943 年 7 月，管锦康毕业于重庆东吴大学法学院，1947 年 12 月毕业于美国依利诺伊大学研究院，获硕士学位。1949年之前，管锦康曾任天津工商学院（后改名国立津沽大学）副教授、南开大学讲师，也曾在天津立信会计学校任教员及教务主任，并担任立信会计师事务所会计师、天津立信会计图书用品社经理等，还曾在北京开办立信会计高级补习学校。1949 年之后，管锦康相继在河北财经学院、天津财经学院（今天津财经大学）任教。

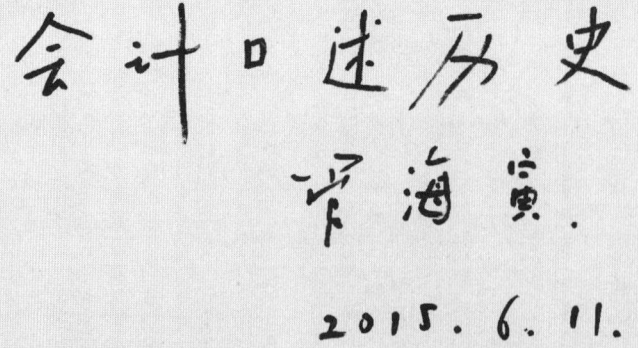

会计口述历史

管海寅

2015. 6. 11.

注：题字的管海寅为潘序伦外孙、管锦康和潘屺瞻的小儿子。

口述情况

时间： 2015 年 6 月 11 日

地点： 天津市南开大学北村潘屺瞻家中

项目负责人： 曹巧波

现场工作人员： ——现场访谈/曹巧波

     ——摄像/沈锋

     ——摄影/张小娟

2015 年 6 至 7 月，康振宇、曹巧波分别对口述资料进行了整理。

我出生于 1920 年，参加工作后，工作单位一直是天津纺织局，开始是在纺织局针织公司担任翻译，后来由针织公司调到天津纺织研究所工作，直至54 岁退休。

潘屺瞻在口述

1981 年 7 月，潘屺瞻与父母合影

父亲的顽强毅力与自律高效

父亲留给我的回忆很多。我对父亲最深的印象，就是他具有超强的毅力，这种超强的毅力始终贯穿于他一生的学习和工作之中。

我记得父亲曾经跟我说起过，当年他在上海圣约翰大学学习的时候，由于他年龄比较大，而且总是穿着长衫上学，所以年轻的同学都以为他是老师，称他为"潘先生"。

在国外求学的时候，父亲也是很刻苦的。他曾经告诉我，他住的屋子里除了一张床就是一张写字台，连炉子都没有。就是在这样的环境里，父亲依然分秒必争、刻苦学习。

中华人民共和国成立以后，父亲还学习了第二外语——俄语。俄语里面有卷舌音，而父亲的家乡话无锡话里面是没有卷舌音的，但他要求自己一定要把俄语学好，就一直对着镜子练习俄语里面的卷舌音。

即使到了晚年，他也从来没有间断过学习，我记得父亲那时每天总是要看各种报刊。当时，父亲视力已经不是很好了，他就用放大镜看。总的来说，这种刻苦学习的精神贯穿于父亲一生。

除了在学习方面意志坚定外，父亲在工作方面也具有超强的毅力。

潘序伦在办公室

当年他在柿子湾①办学的时候，不光是筹集经费有困难，校舍的建设也是

———————————

① 柿子湾：上海立信专科学校的旧址，即上海徐虹路柿子湾。

一个很大的难题。他跟我说过，柿子湾的校址本来是一片坟地，光迁坟的事，就让他焦头烂额。

抗日战争爆发后，上海沦陷，父亲搬到重庆，在重庆北碚重新建立了立信学校。可以说，他从来不知疲倦，即使时间再紧，只要有能力完成的事情，他一定会办好。

父亲的心愿就是让所有的有志青年都有学可上。

回想父亲创办立信学校的时候，他总是不断有新思路出来。譬如，他到上海的时候，开始是创办了立信会计师事务所，然后又想到办事务所需要培养现代会计人才，于是就着手办学校。创办立信学校之后，他又想，教学需要现代会计教材，于是他又着手出版了"立信会计丛书"，还创办了《立信会计季刊》。父亲办学校也不是光停留在一个点子上，他开始办补习学校，然后发展到办培训班、中专、大专。办补习学校的时候既有日校、夜校，又有星期日班、短期培训班。

他创办学校的那个年代，学校还都不太欢迎女学生，但父亲觉得女性从事会计工作比较合适，因为女性心比较细，所以他就广招女生，为女性参加社会工作开辟了一条新道路。

我父亲就是有这样一股精神——他要办的事情，一定会全力以赴办好，绝不会半途而废。特别让我感动的是，1980年上海立信复校的时候，他已经87岁高龄了，当时因病住进了中山医院，视力也不是很好，但每天早晨学校有关领导到床前给他汇报复校的工作时，他还是聚精会神地听着。他一心想要复校成功，最后终于在各方的帮助之下成功复校了。

我记得父亲的小床头柜上面有一个小收音机，每天清晨5点，他就打开收音机听，听完之后就起身，6点准时用早餐，他的生活非常有规律。父亲留给我的印象总是朝气蓬勃的状态，从来没有无精打采的时候。

即使到了晚年，在他病危的时候，他留给我的印象也一直是这样。

父亲对于学生的关爱也让我特别难忘。我记得在中山医院的时候，父亲已经病危了，但有一天，一个学生来找他办事，他依然尽力帮忙。那位学生想出国深造，想请父亲为他写推荐信，父亲非常爽快地答应了。由于当时父亲已经病危，没有写字的力气了，于是他便让身边的人帮忙写推荐信，写完之后让他自己先看下，然后再签字。写完推荐信之后，父亲奋力地从床上起身，颤颤巍巍地走到床头的一个小圆柜前面，慢慢地坐下来。那时病房里的光线比较暗，我就用手电筒给他照着，他就在手电筒的灯光下看完了这封推荐信，然后拿起笔来用力地在推荐信上分别签下了自己的中英文名字。

现在回忆起当时的情景来，我还是非常感动，这是父亲对自己学生的最后一次关怀。

父亲在工作和生活中还是一个特别讲究效率的人，做什么事都是时间要短、速度要快，效率要高。譬如，写书的时候，他都是通宵达旦地写。那时候出版社还都是铅字排版，不像现在这么快，所以如果把整本书都写完，然后再排版印刷的话就比较慢。所以父亲都是写一张排一张，这样全书写完以后很快就可以出版了。

我记得他在事务所上班的时候，别人都是9点上班，但他都是8点就到单位。每天早上到事务所之后第一件事就是翻开当天的报纸看，看到有关信息马上跟有关单位负责人通电话，用最快的速度把业务敲定，所以，等到别的事务所9点上班的时候，父亲这边都已经把业务敲定了。父亲说，这一方面是速度的问题，另一方面是信誉的问题。

1954年的时候，我从上海到了天津，所以和父亲见面就比较少了。等到我退休以后，大概有10年的时间，我经常来回跑。在父亲在世的最后3年，我基本上都陪在他身边。

丈夫的好学不断与埋头工作

我先生的性格比较安静，也比较直率，给我留下的最深印象，就是一生好学不断，埋头工作。

他这个人和外面社会的交往不太多，主要是和学校同事之间的交往。他参加的学术会议比较多，也发表了很多的学术论文。他醉心于教学和学术，总说自己在写讲义、写教材，所以他留给我的印象是，他不是在看就是在写。

管锦康、潘屺瞻夫妇

　　我先生给我的印象始终是一个奋发向上的精神状态。他一生好学不倦，埋头工作，他从来没有放假的概念。夏天里，天气炎热，没有空调，也没有电扇，他把桌子放到凉快的地方照样继续埋头工作。

　　我先生之所以能够对会计教学和学术有所贡献，总结起来就是四个字"业精于勤"——勤奋学习，勤奋工作，勤于调查研究。

　　我先生的学习过程比较曲折。他学习的过程不是从中学到大学，然后毕业后踏上工作岗位，他的学习生涯中穿插了很多工作的时间。他从上海中华职业学校①高中商科毕业后，就被介绍到上海立信会计师事务所做练习生，然后又考入上海东吴大学法学院会计系。在立信参加工作时，他主要是在北碚的学校担任会计主任、总务主任的职务。再后来，他又到国外去求学②，由于学习刻苦，他只用了 11 个月就获得了国外的硕士学位。

　　①　上海中华职业学校是由民主革命先驱者、著名的教育家黄炎培先生于 1918 年创办的，是中国近现代史上第一所用"职业学校"命名的历史名校。中华职业学校的名称一直使用到 1952 年年底，自 1953 年起，其所属机械、土木、商科、石油各科等相继迁到南京、天津、西安各分校，上海中华职业学校改名为上海食品工业学校。现在的南京工业职业技术学院、上海应用技术大学等，都与上海中华职业学校有渊源。

　　②　管锦康 1946 年 12 月至 1947 年 12 月就读于美国依利诺伊大学研究院，取得硕士学位。

他回国参加教学工作以后，在担任教学任务的同时，还特别注意理论联系实际，经常深入基层单位去调查研究。他跟我说过，审计工作不光是深入基层单位查账，检查资金使用是不是有漏洞，还要审查资金的使用是不是合理，还应该为企业提出建议，让企业用更少的资金发挥更大的效力，要对基层单位起到推动、促进作用。

回想当年我父亲也是特别注重理论联系实际，所以，在这方面，我先生和我父亲是比较像的。

我父亲和我先生在立信工作那一段时间交流比较多。我先生在立信工作时间比较长，他先在上海立信工作，后来又去天津办学校。那个时候在天津立信中专，我父亲担任校长，我先生担任副校长，那一段时间他们联系比较密切。

所以，我父亲的一些作风，也就是我先生的作风。

后来我先生在南开大学任专职教授，那个时候他们俩的联系就比较少了，我先生在天津，我父亲在上海。

父亲对晚辈的教育与期许

父亲对我的教育可以概括成两个字，一个是"勤"、一个是"俭"。就是学习和工作要勤，持家要俭。父亲历来勤俭，对家庭的开支力求节省，他经常说的一句话就是"取之于社会，用之于社会"。我父亲希望子女能够多为社会工作，生活则要简单朴素。对我来说，尽管我在工作上没有什么特别的成就，但我还是达到了父亲的期望，一直努力工作，生活也比较简单朴素。在我这一辈里没有学会计的，我比较爱好外语，所以没有学会计，我父亲也不反对；我还有一个妹妹，她也没有学会计。父亲的第四代倒是有不少学会计的，我孙女、孙女婿，还有我外孙都是学会计的。

父亲的伙食非常简单，他晚年的时候，所有的家庭开支都需要记账，开支都是有计划的，不能超预算。我记得那个时候物资供应还比较紧张，食用油都定量供应，如果你油用得多，那么就需要买议价油，价钱比较贵，父亲就不买。他把自己的大部分工资都捐给了立信学校，所以我们这些晚辈也就都养成了勤俭的习惯。

当时立信办学存在经济困难，他除了拿自己的财产捐资助学外，还动员社会各界的力量来资助办学。立信学校里有一个纪念纺织界捐款的"纺织楼"，在纺织楼里有一个"宗敬堂"，是为了感谢申新纺织①的荣氏兄弟。

我记得当年父亲去寻求赞助的时候，总是自己先出面到各单位洽谈，然后让我到各家同意赞助的单位去签赞助文书。他对建立学校的经费筹集可以说是煞费苦心。

父亲生前是一个爱才、用才的人，一直和立信的同事联系比较紧密。

立信之所以能够这样蓬勃发展，和父亲的爱才是分不开的。正因为立信是一个人才济济的集体，所以立信事业才能快速地发展。

现在立信的会计事业还是"三位一体"，立信学校发展得更快。上海立信会计学院的领导同志来看望我的时候，我和他们说，我父亲在世的时候，他只是办了立信会计专科学校，他也没有想到能够办成大学本科，但他一生都在关心立信事业，特别是在他晚年的时候，特别关心立信学校和立信出版事业的发展。现在立信会计事业发展得很快，发展得也很好，是你们完成了立信更高层次的发展任务。我很欣慰，更确切地说是我替我父亲感到欣慰。

（整理人：吴周筠、尹成彦、赵健；会计史特约审阅人：张辉、宋小明。）

潘屺瞻会计口述历史相关文章和专题片

---

① 申新纺织是中国近代棉纺织工业中规模最大的民族资本企业。1915年由荣宗敬、荣德生兄弟创办于上海。

葛家澍：自由思想　创新精神

　　葛家澍（1921—2013 年），男，江苏兴化人。1945 年，葛家澍从厦门大学会计学系本科毕业后留校，先后任助教、讲师、副教授和教授，为我国第一批经济学（会计学）博士生导师，曾担任中国会计学会副会长、国务院学位委员会（经济学）学科评议组第一和第二届成员、财政部企业会计准则专家咨询组成员等。2013 年 11 月 25 日，葛家澍在厦门逝世，享年 93 岁。

会计口述历史

葛家澍

2012．12．26

口述情况

时间: 2012 年 12 月 26 日下午

地点: 厦门市裕发花园葛家澍家中

项目负责人: 尹成彦

现场工作人员: ——现场访谈/曹巧波　尹成彦

　　　　　　　　——联络和摄影/曹巧波

　　　　　　　　——摄像/吴卫东

　　厦门大学刘峰教授、厦门国家会计学院研究生部主任王一平参与了口述记录。

　　2013 年 1 月 5 日至 17 日,曹巧波、岳旭琴先后对口述文字进行了整理和审核。刘峰教授对文字做了审核校对。

　　本篇口述更多的是在回忆重要的会计学术活动的开展,回忆葛老的有高度影响力的会计著述的酝酿、写作和传播背景。

葛家澍在口述

坚持资金运动论

　　我为什么开始写《试论会计核算这门科学的对象和方法》这篇文章？有两个原因。一个是外界的原因。苏联会计界举办社会主义会计对象与方法问题的讨论会，这个讨论的整个过程、不同的观点都传到中国来。当时我是教会计原理的，对这个问题我比较关心，所以注意看了他们讨论的过程、讨论的观点，以及为什么会讨论这个问题。实际上当时讨论这个问题的背景是，大概在1952年至1953年之间，斯大林出版了《苏联社会主义经济问题》，这在苏联被认为是头等重要的大事。各门科学，特别是社会科学，都需要根据《苏联社会主义经济问题》重新进行梳理。另一个原因，就是我们当时都改用苏联会计教材。我们总觉得苏联的会计教材内容比较单薄，讲的不是会计原理，而是簿记原理，很多问题都没有在教材里面阐述，或者说没有进行必要的、比较详细的阐述，特别是我们认为它理论性不够，这是我们通过教学得出的体会。苏联会计教材里讲的应该叫作会计核算原理，会计核算原理实际上是簿记原理，而不是会计原理。

由于这两个原因，我们举办了一个讨论会，叫作"新会计研究会"，就是我们会计系的几个老师参加，包括余绪缨①、黄道标②，三四个人，我们自己研究会计里面有什么新的问题。

当时我们认为首要问题是会计对象问题。西方的会计理论没有讨论会计对象，大家就认为西方好像不重视会计对象。实际上我们后来明白，西方是讨论这个问题的，不过不用会计对象这个名称，而是用社会主义财务报表里的"会计要素"，会计要素实际上就是会计对象的具体化。这是后来认识到的，开始没有认识到。但是我们感到还是应该讨论会计对象问题的。会计对象问题至少会告诉我们：会计研究什么？会计如果作为一项活动，它的服务范围是什么，有多大？它的边界是什么？任何一门科学，任何一个工作、活动，都应该有它的范围。如果不研究会计对象，就不知道会计的范围。你做（会计）研究工作也好，或者做实际（会计）工作也好，你研究什么，应该做什么，这个才是真正的会计问题。离开会计对象，那就谈不上真正的会计，那就是扩大了会计的范围或者是缩小了会计的范围。所以我们感到会计对象还是应该研究的。

当时有这么一个想法之后，其他两位老师鼓励我来写一篇文章，因为他们教的是工业会计学，我教的是会计原理。我写这篇文章，一方面参考了当时苏联是怎么讨论的；另一方面考虑了从我们会计教学的需要角度，应该怎样把这个问题研究清楚。当时的研究结果，就是先写一篇《试论会计核算这门科学的

① 余绪缨(1922—2007 年)，男，著名经济学家、会计学家，中国现代管理会计学科奠基人，厦门大学文科资深教授、会计学科学术带头人、博士生导师，中国会计学会顾问，国际权威刊物《会计国际学刊》编辑政策部成员。
② 黄道标(1921 年—　　)，男，福建福州人，教授，1946 年毕业于厦门大学商学院会计学系，曾在当时的福建会计处工作，1949 年调回厦门大学任教。

对象和方法》，发表在《厦门大学学报》上，这篇文章经过不断修改，变成了后面的资金运动理论。

当时研究第一个问题的时候，也没有考虑它的影响究竟有多深远，在会计界会有一个什么影响。当时考虑的，就是这个问题有必要研究。这是我讲的第一个问题，我们不能随意地拔高，说当时我已经想到这个问题今后对会计界会有深远的影响。当时还没有这样。这个研究并没有人在后面支持、鼓励，也没有人在后面反对，但是还是带有一定的主动性，只是看到苏联讨论这个问题后，我们也想发表我们的意见。

编写会计教材

更重要的是，我们有这个想法，就是能不能把会计对象问题搞清楚，把方法问题搞清楚后，我们能不能自己编一本跟苏联不完全相同的会计原理教材。如果说，讨论会计对象与方法问题有它的重要性，它的重要性恐怕就是后面这一点——把这个问题搞清楚以后，能不能按照我们认为的会计对象和方法写一本会计原理教材。

那个时候刚好高教部在北京召开全国财经会计教材改革会议①。我们学校参加这个会议的是我和另外的几个人，大家参加不同的组。参加会计组的是我，上海财经学院参加会计组的是娄尔行②先生。天津有一个参加会计原理教材研究的老先生，我把名字忘了。另外，中南财经学院也有位老先生参加。还有中国人民大学的老师，因为主要是为了学习中国人民大学的经验，中国人民大学赵玉珉①参加了会议。就在那个会上，大家提出编写会计教材的问题。

当时国家是推行苏联的教材，但没有说必须用苏联的教材，各个学校都有权力编写自己的教材。我当时的想法就是，能不能以我们提出的会计对象、方法为核心，来编写一本新版本的会计原理教材。所谓新，当时就是在某些内容方面跟苏联引进的教材有所不同，但也不是全部改革。他们的教材也有他们教材的特点，也有自身的优点，优点我们还是要学习的。但是他们有很多提法、很多概念，好像当时我们不太能接受。

当时财政部也考虑到，原来是照搬苏联的，现在看起来也要联系中国实际。所以，在 20 世纪 60 年代初，财政部就准备写一本中国式的会计原理教材②。财政部组织编写，当然要请全国这方面的有关专家来参与。除了我，当时请的还有（中国）人民大学的赵玉珉，财政部的杨纪琬，上海财经学院的娄尔行和龚清浩③。上海的龚老因为年纪比较大，那个时候是三年困难时期，北京各方面条件是比较差的，所以，他不愿意去，后来改为吴诚之④。最终参与的人，我一个，赵玉珉一个，杨纪琬一个，娄尔行一个，还有吴诚之一个。因为是财政部邀请的专家，杨纪琬是部里人，名义上，邀请的人里没有杨纪琬，实际上杨纪琬是主编。

当时在这个教材编写过程中，碰到很多问题。主要是第一章总论应该怎么写，总论里面几个问题应该怎么写：①会计对象怎么写？②会计方法怎么写？③会计任务怎么写？④会计性质怎么提？⑤会计应该包括哪几个方面？除了会计

---

① 赵玉珉(1916—2005 年)，男，教授，我国著名会计学家、教育家、中华人民共和国会计教学的拓荒者，中国人民大学会计专业的创始人之一，中国会计学会第一、第二、第三届理事，第四届荣誉理事。

② 《会计原理》(中国财政经济出版社 1963 年 5 月出版)，高等财经院校会计教材编写组编著(编写人员有：杨纪琬、娄尔行、葛家澍、赵玉珉、吴诚之)，前言落款日期为 1962 年 11 月。

③ 龚清浩(1909—2001 年)，男，上海人，上海财经大学教授、中国会计学会第一届理事会副会长。上海交通大学本科，美国伊利诺伊大学会计硕士、美国西北大学工商管理硕士。龚清浩先后在上海交通大学、上海财政经济学院、上海社会科学院、上海财经大学任教。

④ 吴诚之(1914—1988 年)，男，原名吴菊初，浙江海宁人，会计学教授。1934 年，吴诚之毕业于复旦大学商学院会计系。1949 年之前，他在江苏农民银行上海分行、中国银行、中国农工银行等工作。1949 年之后，先后在上海会计补习学校、上海财政经济学院、复旦大学、上海财经大学任教。

核算之外，还要不要包括其他方面？讨论这几个问题花的时间很长。实际上它们只是构成这本书的第一章总论，但是讨论时间大概是全部教材编写时间的三分之一。讨论一个问题往往没有办法一次结束，大家分歧很大。于是，就决定第二天再来讨论，或者过几天再来讨论。

在这些问题里面，关于会计的对象有两种意见。到最后两种意见是非常明显的。一种意见就是仍然保持苏联的提法，即社会主义扩大再生产过程及其物质基础，即社会主义财产，这是一种提法。另外一种提法是，社会主义扩大再生产过程与资金运动，或者是社会主义扩大再生产过程在企业中进行的经营资金运动。

可以明确地说，这两种意见当中，赞成第一种意见的人占多数，赞成第二种意见的基本上就我一个。娄先生在这个问题上不大发表意见。他不明显倾向于第一种意见，但是也不明显地反对第二种意见。对立尖锐的是我的看法跟杨纪琬和赵玉珉的看法。他们认为仍然要用苏联会计教材的提法，而我认为第二种提法比较确切。

当时我只是说我提的比较确切一些，认为第一种提法中社会主义扩大再生产过程及其物质基础太抽象、太大，不够具体，没有描述出会计的环境。会计应该有一个环境，它应该有一个边界，在时间上有一个边界，在非时间方面也应该有一个边界，就是会计究竟多大，实际上就是要有一个主体，有了主体之后，再围绕主体进行讨论。在苏联的会计中会计对象是没有主体的，或者说它的主体是指社会主义扩大再生产过程，这个主体是整个社会。

当时我的意见就是，能够把会计的主体描写为整个社会吗？我们有没有整个社会的会计？我们能不能把整个社会作为一个主体来研究它的收入、费用，研究它的配比，最后研究它的经营成果？应该不能吧。会计的主体总是具体的。会计主体是根据国家的委托或者是采用其他的形式，进行生产、经营的各种企业、事业单位，特别是企业，会计的主体总是一个企业。只有企业最后才能有收入、费用，以及收入费用的配比。

另外，我说，社会主义扩大再生产过程这种表述也没有办法表现出会计最重要的特点：用数字和文字，特别是用货币表述。尽管这是一个方法特点，但是这个方法特点非常重要，它影响着会计对象的特点。没有一门科学，像会计这样"一棍子"地用货币进行数量表现。实际上这已经把会计的环境描写出来了，就是凡是不能"一棍子"地用货币数量表现的，就不属于会计的范围。

当然这个问题争论了很久，争论到最后，几乎没有办法达成一致意见。当时我觉得我还是应该让步。财政部组织的活动，财政部也不能够在最大的问题上面服从我个人的意见，而且我觉得我只是提出这个问题，但是我的理由还不是很充分，还需要去进一步研究，进一步论证。所以我提出是不是要同时表述两种观点，第一种意见算是主流派，用大字表述，第二种意见就是我那个意见，是少数派，用小字表述。所以，一本教材里面，有的用大字表述，有的用小字表述，这是我们会计原理教材的一大特点，其他没有一本教材这样表述。就是会计原理第一章，谈到会计对象的时候，对会计的主流功能用大字表述，非主流功能即资金运动的功能用小字表述，这可以说是一大发明。我这个意见提出来之后，杨纪琬非常高兴。问题解决了，而且这样表述也有好处，主次分明，另外也表明我们这个教材贯彻了双百方针，"百花齐放，百家争鸣"，两种意见都表述在里面，由读者自己去判断究竟该采取哪一种。

在这本书里面，当时还有一些新的提法，比如说会计的性质。当时我们经过研究之后，第一次提出来会计既有阶级性，又有各个（性质的）社会共通共用的性质，不叫技术性，叫作社会性。

还有就是会计除会计核算之外，还应该包括会计分析、会计检查，当时不提审计，所以提出来会计核算是基础，会计分析是会计核算的发展，会计检查是对会计核算的必要补充。这三个提法都是当时教材里新的提法。在这本书的第一章，花的时间多，成果也比较大。详细的情况，我写文章在中国商业会计学会主办的《财会学习》第六期①发表了，今年刚刚发表的。

在写这本书的时候，同时我也在编写教育部委托我编写的文科教材《会计

---

① 《〈会计原理〉出版50年回忆(片断)——关于该书中若干基本会计概念及其表述》，载于《财会学习》2012年第六期。

基础知识》①。

当时于光远②非常积极，他知道我在北京，说："你这本书不要再拖了，赶快趁着你在北京，很多专家也在北京，把几个基本问题定调，赶快把它写成，最好一年之内，最终（不超过）两年把它定稿。"

我们在中央党校召开了一个会议，讨论了会计学的几个问题，其中包括会计的对象、会计的性质、会计的任务，讨论最激烈的就是会计的性质。会计究竟有没有阶级性？在这次讨论会上，应该说大家比较解放思想，几乎百分之八九十的人都认为会计没有阶级性，资产阶级可用，无产阶级也可用，它是个中性的东西。

当时的会议，顾准③也参加了，于光远也参加了，杨纪琬、赵玉珉都参加了。关于会计的性质，财政部那本书坚持两重性，即会计既有阶级性，又有各个（性质的）社会共通共有的社会性。而我们这本书"走得更远"，明确认为会计没有阶级性。所以两本书提法不完全一样。这是在 20 世纪 60 年代，时间是在 1961 年或 1962 年。

应该说这两本教材是有相通之处的。有相通处就是因为在那个时候，大家能够解放思想，充分讨论。周扬④负责的文科教材，其中包括我的一本教材——《会计基础知识》。财政部这边是财政部组织编写的，是会计类教材，而教育部那边是一系列的书，一系列文科教材。财政部这本会计类教材多多少少受到文科教材的影响，因为文科教材的编写是由中宣部直接领导的。

提出这种观点后，我们在课堂上就这样讲，这个对学生也有影响。我们就不按照教材里所说的功能讲，比如讲会计性质，我们的主张是会计没有阶级

---

① 高等学校文科教材《会计基础知识》（中国财政经济出版社 1964 年 2 月出版），葛家澍主编，前言落款日期为 1963 年 7 月。财政部组织编写的教材是《会计原理》。

② 于光远（1915—2013 年），男，中国著名经济学家、中国社会科学院研究员。

③ 顾准（1915—1974 年），男，上海人，中国当代学者、思想家、经济学家、会计学家、历史学家，提出中国社会主义市场经济理论的第一人。顾准会计方面的主要著述有《银行会计》《初级商业簿记教科书》《簿记初阶》《股份有限公司会计》《中华银行会计制度》《所得税原理与实务》《中华政府会计制度》《社会主义会计的几个理论问题》）。

④ 周扬（1908—1989 年），男，原名周运宜，字起应，作家、现代文艺理论家、文学翻译家、中国科学院哲学社会科学部委员。

性，会计最多具有两重性。"没有阶级性"是按照文科教材的主张讲的，"最多具有两重性"是按照财政部主持编写的《会计原理》的主张讲的。我们把两本书的观点结合了起来。

这两本教材出版之后，在会计方面再没有什么全国性的大讨论。有关会计方面的大讨论，如果还有一次，应该是后来教育部举行的一次编写教材的重要会议，是在西安举行的。

那次的特点就是让年轻人上马，不能老是老人当主编，主张让年轻人当主编。当时就提议我跟阎达五①当总主编，北方几个省的总主编是阎达五，南方几个省的总主编是我。南北两个方面一起编写这个教材②，内容可以不同，只要言

葛家澍在做报告

① 阎达五（1929—2003 年），男，山西祁县人，1949 年 3 月肄业于北平私立华北文法学院经济系，1954 年毕业于中国人民大学夜大学；中国人民大学会计系教授、博士生导师、中国人民大学会计系创办人、第一任系主任，中国会计学会副会长、中国会计准则委员会委员、管理活动论的主要创始人、价值链会计的首创者，《会计研究》编委会副主任。

② 此处说的葛家澍、阎达五领导编写的教材是 1996 年由国家教委立项的面向 21 世纪"会计学类系列课程及其教学内容改革研究和实践"项目。

之成理，主编尽量选用年轻人，这是一次大的改革。现在他们的书还在印。这个改革涉及一系列的会计教材。2000 年重新开始编写教材，没有什么学术方面的讨论，而是对如何组织编写的讨论。比如起用年轻人，他们可以表达自己的观点；南派写的书跟北派写的书，简单地称为南派、北派，可以不同。主要是讨论这些问题，没有涉及内容。

为借贷记账法恢复名誉

1978 年的时候我发表了两篇文章。

第一篇文章，《必须替借贷记帐法恢复名誉》①。当时全国进行"真理是检验实践的唯一标准"的大讨论，反对"两个凡是"。我是受了这篇文章的影响，觉得在我们会计界也应该有这个问题，因为当时会计界几乎毫无动静。尽管全国社会科学界都在讨论，如何来实事求是地检讨我们过去的一些"两个凡是"的影响下的认知，但是会计界没有一篇文章，没有一个人写这方面的东西。

为什么选借贷记账法？是因为借贷记账法受到的打击最大，也最通俗易懂。一讲到西方的记账方法，大家都知道这是借贷记账法；一讲到中国的记账法，大家就想到在 20 世纪 60 年代实行的增减记账法。而且当时得出来的结论就是，增减记账法才是中国的记账法，借贷记账法是资本主义的记账法，所以我觉得这个提法有问题。记账方法怎么能够分中国的跟西方的呢，它本身就是一个方法。这一点我是受反对"两个凡是"、社会科学界正在进行"实践是检验真理的唯一标准"大讨论的启发。我觉得应当反思一下我们会计界，我们会计界是不是也有这样的问题。

这篇文章发表之后，收到社会各界不少反馈。当时有几封信，都弄丢了。其中最重要的一封信是上海财经大学副校长郭森麒②的，他写了很长的信，可

---

① 葛家澍：《必须替借贷记帐法恢复名誉——评所谓"资本主义的记帐方法"》，载于《中国经济问题》1978 年第 4 期。记帐，现已改为记账。

② 郭森麒（？—1986 年），男，教授，曾任上海财经大学副校长。

惜都没留下来。他说："这是会计界大是大非的讨论，是对会计界'两个凡是'现象的讨论，打响了会计界拨乱反正的第一炮。"

第二篇文章发表之后，讨论会计属性、记账属性成了会计界一个很热的话题。虽然不是直接地谈借贷记账法，但是间接地受这篇文章的影响，谈到会计属性的时候，大家都不再提借贷记账法是资本主义的记账法。从此，坚持借贷记账法是资本主义记账法的这种观点慢慢销声匿迹了。

1981年，我发表了第二篇文章①。文章主要说的是，如果我们要推行西方的财务会计准则，必须澄清一个观念，那就是会计理论、会计方法、会计准则和会计原则，它们都是有继承性的。西方现在推行的财务会计准则，以及财务会计准则的一些理论基础，对中国也是适用的，当然不能百分之百地搬过来，我们要结合中国的特点来采用，但是应该说有很大一部分内容，如我在文章里面列举的"会计主体、会计目标、会计基本假设"，对中国同样适用。问题就是，我们采用多少？

当时我也一直关注对西方会计的研究情况，我一边写论文，一边关注西方会计的发展。我觉得中国会计今后肯定要走这条道路（学习西方会计）。当时还没提出我们要实行社会主义市场经济体制，但也有人提出，今后我们的经济是有计划的社会主义商品经济。我觉得如果我们要走有计划的社会主义商品经济道路，那我们的会计就必须要考虑商品经济条件下经济业务的特点，考虑商品经济条件下经济业务的特点，就需要借鉴西方的东西。

对第二篇文章进行直接反馈的，有几篇文章。直接写信给我的，基本上赞成我的观点。从此以后没有人再提西方的会计准则、西方的会计原则、西方的财务会计理论基本概念对中国不适用。在这之前，很多人的文章要么是不提西方会计，提到就是我们要慎重地运用西方的这些基本概念。我这篇文章发表之后，不提西方会计的文章就少了，提西方会计的文章多了，而提到西方会计的一些基本概念的时候，大家都认为可以，而且今后应当有条件地、联系中国实际加以应用。整个会计界的观点改变了。我的目的，就是想通过这篇文章澄清

---

① 葛家澍：《论会计理论的继承性》，载于《厦门大学学报(哲学社会科学版)》1981年第3期。

一下这个问题——究竟西方的这些东西对我们适用不适用。

研究会计准则和概念框架

写《论会计理论的继承性》这篇文章，是因为我们国家当时在逐步开放。我经常参与中国会计学会关于会计准则的讨论，我们一直在考虑中国今后的会计准则该如何改变。当时讨论的结果就是，中国必须采用、必须实行会计准则，会计准则必须要代替会计制度，这是我们的结论，至于道路怎么走，当时还没有理出一个非常明确的头绪，但是必须走这条路，走这条路是肯定的。当时我们几个人私下讨论的时候，这个意见倒还是一致的，跟杨纪琬、娄尔行还有另外几个老师讨论的时候，都觉得今后中国必须走这条路。我们还提醒了杨纪琬（当时他是会计司司长），因为他领导全国的会计工作，需要看清中国今后走的道路。

在这之后，我还写了好几篇文章讲中国必须借鉴西方财务会计准则的理由，以及该怎么借鉴。当时我写的这方面的文章，大概有三四篇。

在1983年的时候我又写了一篇文章①，关于会计的本质、会计的定义，提到了会计是信息系统。对于会计的定义，有两种观点：一种是管理活动论；另一种是信息系统论。写这篇文章我们并不是想引起争论。我只是想说明，会计是一个信息系统，这个信息系统所提供的是企业投资人、债权人等所需要的、确实有用的信息，所以会计又是一个服务活动，但是它不是一项管理活动。它本身归根到底还是个管理工具，但是不能说它本身是一项管理活动。而杨纪琬和阎达五坚持认为会计本身是一种管理活动。后来我们间接地不是直接地问他们，如果会计本身是管理活动，那会计管理什么？他们最后回答，会计管理财务。会计管理财务，会计管理活动实际上是个财务管理活动，所以这个问题是没有办法回答的。

我在课堂上当然还是基本上讲我的观点，但是有一点他们都知道的，

---

① 葛家澍、唐予华：《关于会计定义的探讨》，载于《会计研究》1983年第4期。

就是学生如果提出跟我不同的观点，我不会直接简单地把他否定掉，我会跟他商讨。我的学生跟我唱对台戏的也不多，也没有明确说赞成我的观点，但是明确反对我的观点的好像也不多。只有我指导的第一个（博士）学生林志军[1]，他是赞成管理活动论的，但是他的观点也不是很明确。他只写了一篇相关的文章。

到 20 世纪 90 年代的时候，我开始研究会计准则、会计概念框架，这是必然要做的。因为会计准则比较具体，是对某一项经济活动、经济应用或者事项的会计处理作出的具体规定。在会计准则里面，不提为什么这样规定，为什么要这样做，理论讲得比较少。在哪里讲理论？理论在概念框架里讲。因此，你要懂得美国的财务会计准则的制定过程，以及它的一些关键的部分，要懂得概念框架，懂得出现概念框架以前和以后会计准则的区别。因为概念框架最重要的作用就是对每个准则所用到的一些概念作出明确的解释，即为什么使用这个概念，比如说为什么用资产，资产的性质是什么，资产有哪些特点。这些问题说清楚之后，在所有准则里面，凡是资产的概念都会符合资产的定义和资产的特征。因此我就想，要研究美国的财务会计准则，看样子必须追根到底研究它的概念框架，看它对财务会计里面所用到的各种概念是怎么解释的，而且研究概念框架必须要研究历史，因为它的概念框架也分好多历史阶段，早期的、中期的跟后期的。就这样，我就把整个的研究重点放在概念框架方面。

我认为美国的会计理论，具体表现在它的概念框架里面。它的概念框架也是比较简洁的，讲的也并不多，但是你确实要研究它的概念框架的每一个概念，以及概念跟概念之间的关系，你会发现它是有一定的道理，或者有比较深刻的道理。

到现在为止，即使有国际会计财务报告概念框架以及其他国家的会计概念框架，但没有一个国家能够超过美国，这个我们必须要承认，制定这个是需要花钱花精力花时间的，只有美国有可能投资这么多资源研究这些问题。这些问

---

① 林志军，男，1985 年获得厦门大学经济学博士学位，中华人民共和国第一位经济学（会计学）方向博士，现任澳门科技大学副校长兼澳门科技大学商学院院长，教授。

题并不能解决每个具体的会计业务问题，但是它能够解决千千万万个基本相同的会计业务问题，它能够把不同的会计业务，按照不同的处理方法明确地告诉我们。这个是不容易的。

概念框架很重要的特点是，凡是相同、相似的会计业务，要用相同、相似的会计处理；凡是不同的会计业务，要用不同的会计处理，这个是要花很多资源去研究的。所以到现在为止的会计理论，把它浓缩起来看，都体现在财务会计概念框架当中。

近期研究方向

最近几年的很长一段时间我在研究公允价值，还有一段时间对物价变动会计也关注很多。最近没有研究物价变动会计，因为目前看起来物价变动还不是一个大问题。从世界范围来看，通货膨胀还存在，但是幅度不是太大。一般按照我们会计专家的说法，物价变动如果达不到10%以上，在会计上就不用考虑，现在就全世界范围来讲，通货膨胀率超过5%的发达国家跟新兴的发展中国家都很少，所以，这个问题我暂时就没有去研究。最近几年研究比较多的是公允价值变动、公允价值会计。我总觉得这个名字好像不是很妥当，因为价格本身就应该是公允的，没有说公允价值之外，还有一个价格。

我现在没有系统地去研究什么问题，因为我觉得国际会计准则理事会现在举步维艰，本来想跟美国合作，但是美国看样子还是要走自己的道路，所以两家现在分歧大于共识。这样的话，今后我们要找一个世界公认的，一个公允的会计准则将比较困难。

根据张为国①透露的信息，目前国际财务会计准则的制定，困难还是很大。现在各成员方在租赁、金融工具，还有货币这三个最主要的会计准则方面

---

① 张为国（1957年—　），男，注册会计师，曾担任中国证券监督管理委员会（中国证监会）首席会计师、清华大学和上海财经大学博士生导师、国际会计准则理事会理事（2007—2017年），也是会计口述历史受访人。

都有分歧，而这三个准则也是比较重要的准则。何况还有概念框架，关于概念框架的两个方面，目标和信息质量特征，比较容易达成一致，因为比较抽象。一到确认计量，就比较具体了，就不容易达成一致了。

所以到现在为止，国际会计准则理事会与美国财务会计准则委员会两家能够融合起来达成一致的概念框架，也就是两章或者三章。第一章目标，第二章租赁概念，第三章对决策有用的信息的质量特征。三章代表三个准则、三个概念（三个基本概念）以及相关的概念跟概念之间的关系。到后面再具体到要素的定义、计量、确认，问题是很多的。所以现在看起来就是，世界上要找一个国际公认会计准则，我个人认为，只要国家存在，几乎是不可能的。除非世界大同，没有国家，没有国家的利益，那么国际公认会计准则才有可能出现。

所以，现在要研究什么问题？要么研究比较具体的问题。研究具体问题咱们资料也不够，比如金融工具。金融工具这个问题是很需要研究的，因为它本身也很复杂，而且对它的计量需要用公允价值，而公允价值这个概念我对它也有怀疑，所以我也不敢动手。现在只能观察，看国际会计准则理事会动向如何，他们在这几个问题上的重点放在哪里，是放在后面三个具体准则，还是放在没有完成的国际财务报告概念框架上。根据张为国同志讲的，他们现在也是举棋难定。国际财务报告准则的前途也还很难说非常乐观，还是要看美国的态度，因为毕竟美国这方面比较成熟。

对我影响较大的人

对我影响最大的人，在我们学校是王亚南①跟肖贞昌②。那时候肖贞昌是我的系主任，对我帮助很大；王亚南是学校校长，对我的帮助也很大。他对会计非常感兴趣，我们举行小型的新会计讨论会的时候，他经常参加。他作为校

---

① 王亚南(1901—1969年)，男，中国现代著名的经济学家和教育家，中华人民共和国成立后厦门大学第一任校长。

② 肖贞昌，男，湖北人，博士，主要研究会计学，1941年至1985年任厦门大学教授，也曾担任会计系主任。

长，有那么多的学生（事务繁忙），还经常来参加。另外，他对我们的前途（发展），如年轻人应该走什么路，教学怎么跟科研相结合，做过一些非常重要的指导，他对我的影响还是很大的。

校外对我影响最大的人是于光远，经济学家于光远，他直接联系我出版了《会计基础知识》。编文科教材时要分组，我那本书是在经济学组里，他是经济学组的组长，所以他经常跟我联系。

还有三个人，一个是杨纪琬，一个是娄尔行，一个是顾准。顾准，我跟他接触时间并不长，但是我们谈得很投机。他有很多新的观点，我很佩服他的创新精神，他有很多观点跟人家不一样，有很多独立思考的东西，这是一个了不起的人才，虽然受到很多运动的影响，他仍然非常乐观，仍然刻苦地钻研他的研究。一开始，他在上海做财税局长（准确地说是财政局局长兼税务局局长）的时候，就受到"三反""五反"运动的影响，后来"反右"的时候，又被划为右派，到"文化大革命"的时候，又受到打击。他的一生太坎坷了，但是他真的是一个了不起的人才。他是自学成才。从学历来看，他没有什么学历，但是他有学问。学历跟学问不是一回事，有学历不一定有学问，有学问的人不一定有学历。他的研究范围很广，研究微观经济，研究宏观经济，研究会计，从微观到宏观都有涉猎。

我和杨纪琬、娄尔行，还有跟阎达五，私人交情都很好，我们很少公开地互相批评。他们表达反对时只是提到信息系统，也没有提到我的名字。我写文章也从来不批评管理活动论，只说我自己的观点。因为我认为一个理论必须自我完善，首先要完善自己的内容，不要急急忙忙地反驳人家对你的批评，在反驳过程中，人要完善自己的理论是比较难的。

现在会计学术界有两派，一派是年轻人①。他们跟着西方学，主要是搞实证会计。我对实证会计一是不通，二是有一些反感。不通是因为我在数学方面，疏忽比较久了。现在实证会计向数学方面发展，我觉得很多东西我不太懂，因此我不敢说它有什么差错，有什么缺点，有什么问题。我反感就是实证

---

① 葛老在口述时未讲另一派，应该是指以葛老为代表的老一代会计学者。

前排左起四位为裘宗舜、余绪缨、娄尔行、葛家澍

会计是研究一种现象存在的理由，发现一个现象就研究它存在的理由，对没有发现的现象，就预测将会出现什么现象，但是它有一点是不去研究的，就是"应当如何"，对这个实证会计是不屑研究的。我觉得一门科学如果不去研究其"应当如何"，那要这门科学干什么？一门科学两个方面都要研究：它为什么会存在，将会怎么样发展，这个我们要研究，这个实证会计是研究的；但是我们还应研究它应当如何发展。任何事物都是这样的，要想让它真正有用就要研究应当如何发展，但是实证会计不研究这个问题。

另外，目前我觉得实证会计很奇怪的地方就是，有一天（有时候）又不研究会计问题了，或者至少是不研究会计的大问题了，开始研究会计的小问题。实证会计研究的一些会计问题，不做实证研究，都可以得出结论。一些实证研究，比如说研究事务所收费，最后得出的结论是大公司收的费用比小公司收的费用高。这个还要你去实证研究？这个结论通过观察就可以得出了，不需要研究。我这只是举个例子来说。很多问题不是会计的大问题，是鸡毛蒜皮的问题，甚至是跟会计不直接相关的问题。但是跟会计直接相关的问题，它不去研究。比如说公允价值究竟有用没用，这个倒是值得研究，但是没有人敢碰这个问题。

我认为他们现在研究的方向当中，也不是走在会计应当研究的方向上，而是走到会计不需要研究的方向上去了。不是他们没有能力研究，而是他们不愿意去研究。

印象深刻的学生

印象最深刻的学生是我指导的博士生，一个是我指导的第一个博士生林志军。我觉得林志军做学问还是很严谨的。他是把教学跟研究紧密地结合起来，比如说，我跟他合写《西方会计理论(第三版)》，现在需要重印。出版社怕我劳累，把清样给他看。他还是非常认真地进行修改，进行补充。他做学问、从事研究工作是很严谨、很认真的。这点我还是很佩服他的。至于他教学究竟怎么样，研究成果怎么样，这个由别人去评价，至少他的作风是很严谨的。虽然他也很忙，但是只要把任务接过来，他就很实事求是地去做。

另一个学生就是在深圳做投资的陈玮①，现在业务做得很红火。过去我没有想到他能够在业务上有这样的发展。他做具体业务，在深圳做风险投资。他的公司做到现在，做得有声有色的。

还有一个学生是魏明海②。魏明海的特点就是，既能够做教育工作，又能做行政工作。他做过系主任、院长、校长助理、副校长，现在当副校长。工作一直都很忙，但是研究也没有放松。

还有刘峰③。刘峰的特点就是，做学问、教学都行，他不大求名求利。你看，他从中山大学调到厦门大学来，那么长时间，系主任也没有安排他什么任务，他没有任何的怨言。他认为他应该走学术这条道路，学术研究适合他的性

---

① 陈玮（1964 年— ），男，1994 年获会计学博士学位，深圳东方富海投资管理有限公司董事长。

② 魏明海（1964 年— ），男，1991 年获会计学博士学位，广州大学校长、教授、博士生导师。

③ 刘峰（1966 年— ），男，1994 年获会计学博士学位，厦门大学教授、博士生导师。

格，他可以自由地进行教学，自由地进行研究，他很满足。他不一定要做院长、系主任，甚至副校长。

其他的还有好几个，很不错。有几个在上海，他们的表现也都不错。

自我评价

对自己的评价是"名不副实"，不是我谦虚，说实在的。现在就老一辈的会计学者来说，当然我就是比较老的，健在的。跟我同辈的，现在都先后凋零了。实际上，我感觉我也没有做什么工作，至少从会计学方面来说没有。实证会计研究我虽然批判地对待它，但是我没有认真地研究它。本来我是有条件可以研究的，因为我在中学的时候，数理化是比较强的。中学时，我的数学都是满分的。我中学毕业的时候是全校第二名，本来可以保送上海交大。我当时一心一意要学工程，从来没有想到念会计，而且在中学时也不知道大学有会计这个学科。所以我学了会计，应该说是走进了误区。但是我有一个特点，就有一个要胜的心态，就是觉得只要做一行，就得爱一行。要么不在这条道路上发展，要想在这条道路上发展，就要做到最好。

走了会计这条道路，当时我是有点后悔的。但是我想，既然是命运安排我学会计，那我就学会计，走了这条道路之后，我就觉得我应该把它学好。当然开始进入会计这一行的时候，也曾经受到一些冷嘲热讽。同学们认为我毕业之后不应该留校，原因有二，第一个，是工资很低；第二个，做会计这个行业的人没有什么出息。有什么出息？那个时候都认为会计就是"打打数字"，没有出息。同学对我冷嘲热讽，因为当时毕业我有好几个备选出路，都比会计强。当然，在当时看比会计强，现在就不一定了。

我对自己总的评价应该就是："踏踏实实做事，老老实实做人。"这是我的一个特点。如果说优点，这个应该是我的优点。现在我已经90多岁，没有后悔的事情了。走了这么长的路，如果说后悔，那就是我没有早一点研究实证会计。我应该去研究实证会计，这是我的缺点，不管怎么样，（我）总少一条腿。

把我国的会计理论与实务推向前进！

葛家澍

2012. 12. 26

葛家澍题字寄语年轻一辈会计人

（整理人：赵健、尹成彦；会计史特约审阅人：张辉、宋小明。）

葛家澍会计口述历史相关文章和专题片

徐政旦：以会计为业

徐政旦（1922—2013 年），男，江苏无锡市人，教授、博士生导师。1946 年，徐政旦毕业于大夏大学，曾在淮南铁道局工作，先后在大夏大学、上海财经学院、复旦大学、上海财经大学等任教。他参与创办了大华会计师事务所、深圳大华会计师事务所。曾任中国教育审计学会顾问、上海市审计学会顾问、上海总会计师工作研究会常务副会长、上海市会计学会常务理事，还曾担任世界银行及亚洲开发银行的特约顾问。2013 年 12 月 26 日，徐政旦在上海逝世，享年 92 岁。

注：会计口述历史项目，本来取名"会记口述历史"，"会记"取自中国会计视野的年刊《会记》。但第一位口述人徐政旦教授在题字的时候写的是"会计口述历史"，项目也就因此改名了。

口述情况

采访时间：2012 年 4 月 20 日、4 月 23 日
地点：上海市延平路徐政旦家中
项目负责人：尹成彦
现场工作人员：——现场访谈/尹成彦

                ——摄像/吴卫东　张涛

                ——摄影/杨武　曹巧波

    时任上海国家会计学院副院长谢荣教授全程参与了记录。

    2012 年 5 月至 2014 年 3 月，陈凤美、章苗苗、朱燕婷、曹巧波先后对口述文字进行了整理和审核。

徐政旦在口述

求学经历

为什么说我喜欢会计工作？我本来是在大夏大学①读经济学的。但是，我觉得经济比较空，我总是想读了书以后，能实际派上用场，也可以坦白点讲，就是靠它（会计）有吃饭的本领。读经济，没有吃饭的本领。读政治经济学，你怎么靠它吃饭呢？我在大学时，最早读的是经济学。当时龚清浩老师是会计系主任，我就去听他的会计课。无论成本会计还是审计，都是实碰实的东西，将来都可以用在工作上，可以靠着它吃饭，容易找到工作。这是一方面，容易找工作，容易抱饭碗。另外一方面，龚清浩老师对我影响很深。他对学生非常严格，那时候一个班里边只有 20 个人，老师和学生讲话

---

① 大夏大学(The Great China University) 是由 1924 年因学潮从厦门大学脱离出来的 300 余名师生在上海发起建立的一所综合性私立大学。初名大厦大学，"大厦"即"厦大"之颠倒，后来取"光大华夏"之意定名大夏大学。抗战期间，大夏大学先后内迁至庐山、贵阳、赤水，一度与复旦大学合并为中国历史上第一所联合大学，抗战胜利后迁回上海。

交流的机会很多。特别是龚老师讲课时，会把书本里面的问题提出来问学生。学生当场回答，回答得不好，他就纠正。实际上到大学里的第二年，我就去读会计了。

还有一个原因，是私人原因。我认识了一个同学，就是我的爱人，她是读会计的。所以，我读会计就能和她在一起了。那个时候都是选课，她先到，就帮我搬个凳子；我先到，我就帮她搬个凳子。那几年，我们在课堂里面学习，下课则到外边散步，所以读了4年大学，把读书和恋爱结合起来了。

读会计的另外一个原因，是因为我对会计还比较熟悉。进大学以前，我在中华书局印刷厂做过会计。那是全国最大的一个印刷厂，在澳门路469号，那时中华书局印刷厂像一座城堡，很大。我进去以前，它曾经是美商经营的，因为那时正值抗战，它挂一个美商的牌子——美商永宁公司，永宁公司是印钞票的。当时，外国人设计了一些会计制度，有张"system diagram"表，厂长是个中国人，他搞不清楚英文，他说你能不能把它翻译出来，我说行啊。我用中文画了一个系统图，他就看得懂了。那时会计部门不大，有一个出纳，我是会计，还有一个是助手。大夏大学本来在沪西郊区，后来因为抗战了，大夏大学变成难民营，学校就在市里面弄了一个大楼做学校。那时候我在中华书局印刷厂，我到学校上课的时候，就把写字台的灯开着去上课，后来厂长知道了，他说读书是好事情，不要偷偷摸摸，尽管去读书好了。所以，我在读书的时候就在印刷厂当会计部主任了。会计部规模不大，但那个厂子是很大的。我是在一楼，四楼是中华书局编辑部、图书馆，书很多，大学里面是要写论文的，于是我就到楼上图书馆去写论文。我一方面工作，一方面读书，一方面写论文，就这样4年后我毕业了。当时中华书局印刷厂的待遇很差，大概一个月一担半米，勉勉强强可以吃饱。

毕业以后，我经人家介绍，到淮南铁路局会计处去工作，做了两年，淮海战役爆发，铁路局正处在淮海战役的中心，铁路局就解散了，全部撤退到上海。铁路局的待遇也不太高，但是可以靠它过生活。

年轻时伏案写作的徐政旦

65 年会计教师生涯

我们回到上海之后怎么办呢？我就去找大夏大学的教务长——我的老师，他晓得我要找工作，他说你来教政治经济学，做讲师。因此，我第一次上课是上政治经济学，那是 300 个人的大课堂。大夏大学的学生，好多是农村来的，年纪都比较大，大部分有 30 多岁，我只有 27 岁。我就开始准备讲课，备一次课大概能讲两次，我教政治经济学，总是觉得很空，没什么兴趣。我跟龚清浩老师说我想教成本会计。一方面，龚清浩老师教成本会计讲得很深，我很有兴趣；另一方面，我在大夏大学做讲师的时候，还到黄炎培办的中华职业学校上课，学校在华龙路办了一个培训班。讲成本会计，教材可以用潘序伦编译的《劳氏成本会计》（*Lawrence Cost Accounting*），也可以用娄尔行编写的《成本会计学》作为参考。为了方便，我就用娄尔行的《成本会计学》做教材。半年一期，我连续教了 4 期（2 年）的成本会计。我去震旦大学①以前，也曾经在华东交通专科学校教成本会计。在震旦大学之后，我去了立信会计专科学校，也教成本会计。

在职业学校教成本会计，第一次很吃力，第二次就熟悉了，第三次就更熟悉了，到后来上第三、第四遍时都能背出来了。他们大概每半年给我发一次工资，经济上的补贴，比大夏大学的待遇还好。在大夏大学教政治经济学，只有讲课费。所以，我对于教成本会计越来越有兴趣了。后来，基本上都不用看书了，我都能背出来。成本会计是会计里面比较难的一门课了，但是对于我，反正教材上都有，（讲）中文用娄尔行的书，（讲）英文用潘序伦的书，教起来就很顺当。后来我教工业会计，其实也都是成本会计内容，能够很顺利地讲课。

成本会计，因为比较复杂，学生听了都头痛，我就根据自己的思考，设计了一个成本会计系统图。后来，汤云为②来考上海财经学院，我说你考成本会计吧，成本会计不难的，我已经把它系统化了，完全吃透了。那时候，汤云为还在工地上劳动，没有读书。我说你来考呀，考我的硕士研究生。他说要看什么书呢？我说读我写的书，成本会计有一个系统图，背出来就行。所以，汤云为后来也教成本会计。我教会计，就是这样开始的。

我是通过龚清浩老师的介绍，到震旦大学试讲的。我没做准备，很顺利地讲了两个小时，书也没看。会计系主任蒋士麒③是上海交大的老教授，他跟我

---

① 震旦大学，原名震旦学院，由马相伯神父于 1903 年 2 月 27 日在上海徐家汇天文台旧址创办，是中国近代第一所私立大学。1952 年 10 月高校院系调整，震旦大学被撤销，震旦大学医学院和圣约翰大学医学院、同德医学院合并且于原址组建了上海第二医学院，其余学院分别并入复旦大学、华东师范大学、上海交通大学、同济大学、南京师范学院、华东化工学院、华东政法学院、上海财经学院等高校。学校原址为重庆南路 227 号和 280 号上海交通大学医学院校舍。

② 汤云为（1944 年—　），男，上海人，1967 年毕业于上海财经学院计划统计系，1981 年赴美国留学，1983 年获上海财经学院硕士学位并留校任教。汤云为曾任上海财经大学副校长、校长、国际会计准则委员会高级研究员、普华大华会计师事务所董事长、上海大华会计师事务所主任会计师，还担任过中国会计准则委员会委员、上海市会计学会会长、国务院学位委员会第四届学科评议组成员、中国会计教授会首任会长、中国审计学会副会长。也是会计口述历史受访人之一。

③ 蒋士麒（1903—1997 年），男，1926 年毕业于上海交通大学铁路管理专业。蒋士麒曾任上海交通大学、震旦大学、上海财经学院、复旦大学经济学教授，长期从事经济管理方面的教学和科研。讲授过会计学原理、工业企业经济活动分析等课程，与他人合著有《会计核算原理》《工业企业经济活动分析》《基本建设财务与会计》《会计辞典》等。

说，你这个成本会计教得这么熟，什么东西都可以教了。但是，给你什么聘书呢？

我在大夏大学里已经是政治经济学的讲师了。他说，你讲成本会计讲得这么好，我可以给你教授职称，但是你过去只是讲师，我就只能聘你做副教授。这样，我就是副教授了。所以，我当副教授很早，那时我三十一二岁。学校里好多人说我是年轻的副教授。

1952年，院系调整，震旦大学、大夏大学的财经系全部合并到上海财政经济学院①，上海财政经济学院会计系有108个教师，是全国最大的会计系，都是教会计的，108将，很出名的。外国人到中国来，问我们会计系有多少人，我们说有108个会计教师，外国人也竖起大拇指。在那里，我、龚清浩老师、娄尔行老师都教成本会计。那时候开始学习苏联，设立了工业会计教研组，成本会计是主要教学内容。同时也教经济活动分析，遵循的是苏联体系，美国是没有经济活动分析这门课程的，所以中华人民共和国成立以前也没有这门课。当时，苏联有个会计教授，叫沙洛莫维赤，他写了一本《工业企业经济活动分析》②。那时候讲经济活动分析，是很新鲜的，我就同时也教经济活动分析。经济活动分析的教研组主任是潘兆申教授③，他已经过世了，他主要搞经济活动分析。经济活动分析呢，其实也并不难，夜大里面同时有三到四个班的经济活动分析课，差不多都是我教的。教书呢，第一遍是困难的，第二遍、第三遍呢，都很容易。

经济活动分析这门课程，我也教了好多年。1958年，上海财经学院④并入上海社会科学院。1972年上海财经学院撤销后，教职员工又到复旦大学。因此我在复旦大学也待了好几年，龚清浩老师、蒋士麒老师也是。蒋士麒老师后

---

① 上海财经大学的前身。

② 《工业企业经济活动分析》，（苏）沙洛莫维赤(И. А. Шоломович) 撰，中国人民大学编译。

③ 潘兆申(1920—1992年)，男，江苏宜兴人，1943年毕业于东吴大学法学院会计系，1948年获美国乔治·华盛顿大学商学硕士学位。潘兆申先后在重庆立信会计专科学校、上海立信会计专科学校、东吴大学、上海财政经济学院、上海社会科学院、上海财经学院、复旦大学、上海财经学院（复校后）等任教；主编了《工业企业经济活动分析》，与他人合编了《世界银行项目管理》，译有《许氏成本会计》《成本会计学——原理及应用》《英汉会计常用词汇》《斐尼·米勒会计学原理》。

④ 文中口述者所说的财经学院、财经大学、财大皆指上海财经大学。

来没有转出来，一直在复旦大学。在复旦大学，我还教工业会计，教经济活动分析。龚老师既是我老师，又跟我一起教书，我们是一个教研组的同事。

后来上海财经学院也出了一套经济活动分析的教材。当时财经学院出了两本书，是学苏联的，是新的内容（按照苏联会计体系编的）。一本是《工业会计》，是龚清浩、娄尔行负责的；一本是《经济活动分析》，是潘序伦的侄子潘兆申老师负责的。工业会计和经济活动分析这两门课我都教了好多遍。这两门课都是在大学三年级上的，是高年级的课。龚清浩老师教得很好的，非常受欢迎。有一个老师教别的课，学生老是不喜欢，都要龚清浩老师上。后来，就安排我和龚清浩老师搭档，于是我们一起选教材，这样就没有矛盾了。我和龚老师两个人搭档，他教工业会计，我教经济活动分析，有的时候调换过来，我都能胜任。所以呢，学校就把我作为重点培养的老师了，我就能够和龚老师一起上课、写教材。龚老师很严格，如果我写教材写得不好他就会马上提出批评。我好多年和龚老师一起教一门课，有的时候还是教一个班。因此，我们师生之间的关系非常好。

1985 年，上海财经学院更名为上海财经大学，我担任会计系副主任，娄尔行老师担任系主任。

后来国家又派我到大连。20 世纪 80 年代，我国联合美国在大连成立了一个国家培训中心①，纽约州立大学的霍威斯（Howitz）教授代表美国，我与厦门大学的余绪缨老师代表中国，一起去教管理会计。教管理会计是为了培养一些高端的会计人员，学员也包括一些高级官员。我和余绪缨老师用的一本书是《成本管理会计》，英文的。现在看来，中国也是需要开这门课的。我在大连培训中心教了 3 年，我和余老师还有纽约州立大学的霍威斯 3 个人一起教管理会计，后来霍威斯回美国去了，我和余老师两个人教这门课，一年他教，一年我教。一起去的还有石人瑾②。这么一办办了 3 年，现在班上的很多人，都是政府官员了，有些已经是大官了。

---

① 当时在大连工学院（今大连理工大学）成立了一个国家培训中心（中国工业科技管理大连培训中心）。

② 石人瑾（1926 年— ），男，会计口述历史受访者之一。

慢慢地，上海财经大学和厦门大学的关系也密切了，因为我们一起办这个中美培训中心。他们（厦大）那边培养研究生，我们（上海财大）都去主讲课程、参加论文答辩、参加论文指导。我们有时也一起办讲座。差不多有一两年时间，厦门大学办全国的培训班，我也被请去讲课。两家大学老师之间关系很密切，特别是我们跟葛家澍、余绪缨老师。我们大家一起从事科学研究，从事教育。那时厦门大学会计系所有的博士生论文答辩，我们都去的。上海财经大学这边，教师评审需要外面的专家评审的，我们也请葛老师和余老师评审、推荐。上海财大会计系的老师，从副教授升教授，一旦需要请外面的老师评审、推荐的，我们都是去请厦大教授出面，这样，校际的联系就比较多了。后来厦大会计系的一些博士生毕业后要读博士后，余老师、葛老师就把他们推荐到上海财经大学来。所以我的学生里面，有四五个人都是在厦大读了博士以后，来我这里读的博士后。胡奕明①是厦大的博士，她博士毕业以后到上海财经大学

徐政旦作为专家参加厦大会计系博士论文答辩

① 胡奕明（1963 年— ），女，上海交通大学教授、博士生导师，1988 年 7 月硕士毕业于厦门大学化学系，1998 年博士毕业于厦门大学会计系，2001 年从上海财经大学会计学院管理学博士后流动站出站。胡奕明曾在香港理工大学进行合作研究，并先后在香港城市大学、美国南加州大学 Leventhal 会计学院做访问学者。

来读我的博士后，读完博士后留校担任上海财经大学财务会计研究室主任，后来又到上海交通大学会计系担任博士生导师，也担任博士后的导师。她也经常来的，她和谢荣①老师也很熟的。

编撰《会计辞典》

我到上海财政经济学院的第三年，就和龚清浩老师一起编《会计辞典》，在这之前，中国没有（《会计辞典》），苏联也没有。编第一本是简明会计辞典，我们花了 3 年时间。蒋士麒老师也参加了编写。我们 3 个人，除了上课，就是编辞典。编辞典很费工夫，一遍、两遍、三遍、四遍这样修改，修了 3 年。修完了，由上海人民出版社出版，一版大概销了 5 万本。

这个《会计辞典》从 20 世纪 60 年代就开始编写了，写了差不多 20 年。出了两个版本，一本是简明会计辞典（《会计辞典》，1982 年 5 月出版）。后来又出了一本增补本（《会计辞典》，1991 年 4 月出版），销了 100 万本，销得好得不得了。我就这样一边写书，一边搞教育，龚清浩老师、娄尔行老师，都是主张要搞科研的，所以在 20 世纪 80 年代，我差不多一年写一本书，写了 20 多本，不单单是会计的，还有物资管理方面的②。

那时候的书一般只印 3 000 本、5 000 本，5 万本书一个星期就卖光了，使书店那边高兴得不得了，我们当然也很高兴。第一次编的是简明会计辞典。第二次编的是增订本，字数增加了，内容更新了，差不多写了 5 年，不论春夏秋冬，不论暑假寒假，我和龚老师两个人都一心扑在编辞典上。龚老师住的地方离我家很近，都在一条马路上，他吃好饭就到我家来一起搞辞典，差不多一天到晚搞辞典。

增订本的字很小，当时，龚老师七八十岁了，眼睛不行了。后来他去世时，放了一本辞典在他旁边作为陪葬。我教会计和搞《会计辞典》就是这样一个过

---

① 谢荣（1952 年—　　），男，会计学教授、博士生导师，享受国务院政府特殊津贴，曾任上海国家会计学院副院长。

② 《工业企业物资管理》，上海人民出版社 1979 年 10 月出版。

程。正因为我编的《会计辞典》是国内第一本此类辞典，后来国务院学位委员会才让我做博士生导师，我是第一批会计博导。那时全国只有 8 个会计博导：人大的阎达五；财政部的杨纪琬；厦大两个，一个是葛家澍，一个是余绪缨；中南财大是杨时展。[①] 我指导的第一个博士生是谢荣，后来又指导了十几个博士生。

我的会计之路就是这样走出来的。一下子教了 65 年书。65 年里面，我一边写会计辞典，一边写别的书，我写了 21 本书，包括《成本会计》《管理会计》《审计》《经济活动分析》等等。在上海财大的教材里边会计教材也是比较突出的。我所著的书里面，有几本书是过去没有的，对应的课过去也是没有的。一本是《会计制度设计》，本来中国企业是不涉及会计制度设计的，因为在中国，会计制度都是财政部定出来的，财政部发一份制度，出一些书，然后下面遵照执行。我们觉得关于会计制度应该设立一门课，龚老师给我上的一门很重要的课就是会计制度设计。因为在美国都是企业自己设计会计制度，不是政府部门颁布的。中国都是由财政部制定会计制度，下面执行，因此企业里面的人不懂得设计会计制度，学校里面也没会计制度设计这门课。我在上海财经大学，主张要开这门课，写的一本书就是《会计制度设计》，旨在让学生根据会计制度设计的要求，根据企业自己本身的特点，自己搞会计制度设计。这种课程，应该说到现在为止，由我这本书开了先河。我的书出版后，中国人民大学也开了这门课。

学术研究

中国过去有段时间，不讲内部控制。因为中国过去有一个老想法，我们是工人当家，你要设计内部控制，就是要控制工人，工人阶级是主人，主人还要你去控制啊？所以国内过去不搞内部控制，也不搞内部限制，这门课也一直没有。汤云为去美国留学，在美国工作了一段时间，后来，他回来写的一篇实习

---

① 8 人中还有天津财经大学的李宝震，上海财经大学的娄尔行。准确地说，这 8 人的批次是：第一批葛家澍、娄尔行；第二批杨纪琬、余绪缨；第三批李宝震、阎达五、杨时展、徐政旦。

报告就是有关内部控制的。我在大连培训中心的时候，我们和美国的霍威斯教授一直讲，会计如果没有内部控制，就失掉重心了。所以，那个时候我开始重点研究在中国实行内部控制。开始大家对内部控制很陌生，我对审计署的有关同志讲，中国要搞审计首先要在企业里面实行内部控制。审计署对此也很支持，他们的副审计长，就把全国各个省审计厅的审计处处长都集中到厦门大学培训，由我来讲内部控制。那时候我开始把内部控制中国化，开始写文章、出书，出了四五本书，都是讲内部控制的。讲审计，需要讲内部控制。审计从什么地方入手呢？首先要查内部控制是不是严格，内部控制是不是有什么问题，再审计。后来审计署开办审计培训班，全国的审计处处长都来，回去都搞内部控制了。审计署开始重视内部控制了，包括查账，首先要查一个企业里面有没有内部控制制度，如果没有的话，那说明这个企业管理不严格。后来各个企业都搞内部控制。汤云为，还有我的学生朱荣恩①，他们的同学徐建新②，一起写了3本讲内部控制的书。现在大家都晓得内部控制了，都要搞了。

所以我的教学里面，主要是一门会计制度设计，还有一门内部控制比较突出。现在全国各个学校都讲内部控制了，但是与内部控制这门课相关的教材和文章还是上海财大的比较多，以财大为中心。厦门大学到现在还没有审计系，中国人民大学也没有审计系。另外，在大连合办培训中心时，我们把管理会计作为重点推广的一门课，讲课之余又写了一本《现代管理会计学》③。那是我和余绪缨合写的，我们两人是主编，石人瑾也参加了。所以，管理会计在上海财经大学也是开得比较早的，后来变成了必修课。

而中国后来搞会计改革，会计改革里面实际上有一个很重要的内容，就是会计不仅仅讲财务会计，还要强调管理，财政部杨纪琬那时候也提会计管理，讲我们的会计要向管理的方向发展，会计要促进企业提高经济效益，这是会计

---

① 朱荣恩(1954年—)，男，浙江宁波人。1983年、1987年、1996年朱荣恩先后本科、硕士、博士毕业于上海财经大学，上海财经大学会计学院教授、博士生导师，我国资信评估的开拓者之一，主要专长为审计、内部控制和资信评估。

② 徐建新(1955年—)，男，博士，曾任上海财经大学讲师、副教授。徐建新曾在大华会计师事务所、上海新世纪投资服务公司、东方国际(集团) 等公司工作。

③ 《现代管理会计学》，吉林人民出版社1987年2月出版。

改革的重点。管理会计现在在中国已经普及了，余绪缨老师在管理会计方面写了好几本书，余老师最近去世了，我 2010 年在中国台湾讲学用的《管理会计》，就是我和余老师写的。

中华人民共和国成立后，我们的会计书里面，对于会计的含义，经常用马克思讲的话表述：会计是过程的控制和观念的总结。财政部组织编的书，包括杨纪琬和娄尔行一起写的《会计学原理》，都把马克思这句话作为会计的概念。那对于过程控制，一般的书里面，都讲到它是监督，说会计监督很重要；对于观念的总结，差不多所有的会计教科书都讲到，它是反映，所以反映和控制是会计的主要职能。对于这个解释，我一直觉得不够。会计是一种控制，但是不能够仅仅说是监督；会计是一种反映，但会计不单单是反映问题。

我一直主张，完整的会计应该包括六账。过去人家在报纸上都讲，会计是记账、算账、报账。记账、算账、报账是重要的，但它不是会计的全部。如果它是会计的全部，就把会计的作用局限了。会计上很重要的工作还有用账。我们会计所反映的内容，怎么用起来呢？怎么在企业管理里面用起来？在企业做决策时，无论是长期决策还是短期决策，都要利用会计资料。所以，会计的第四个作用是用账。管理会计实际上就是用账。管理会计里面所有的内容，都是利用财务会计资料来进行管理活动。管理会计有几块，一块是制订计划、提出预算，主要资料还是来自财务会计。我们国内讲用账讲得很少，实际上用账很重要。如果会计只包括记账、算账、报账，那会计怎么能发挥管理上的作用呢？会计要发挥管理上的作用就要强调用账。这个概念也是财大最早提出来的，现在外面也不大讲这个。对内部加强控制也是用账，以用账来控制企业的生产过程，要促使企业发展内部潜力、扩大再生产。一般企业老是说没钱、没设备，得向国家要，这都是外延式的扩大再生产，而会计应该做的工作是用企业内部的潜力扩大再生产。我们算成本，讲内部结算，都是讲内涵的扩大再生产，而不是向上面要钱。对于这个问题，最近几年，财大学生包括刚入学的本科生，我跟他们讲会计，都强调用账问题。

还有一个是建账。建账也不应该是被动的，不完全是财政部叫我怎么做我就怎么做。财政部提出会计科目、记账程序，实际上要企业自己建账。企业有各种类型，如国营企业、集体企业，都需要自己建账。机关事业单位，也有建账的问题。如果单靠上面叫你怎么做就怎么做，那企业的账是不能适应管理上的要求的。建账就是企业根据自己的特点，设立会计制度。我们有学生被分配到财政部，财政部叫他帮企业建账。他说，怎么建账是你们财政部定的呀。那财政部是根据什么来定的呢？财政部也是根据我们的教学要求对员工进行要求，要求他们搞会计制度设计。我们国家财政部有会计事务管理司，里面设计会计管理制度的都是财经大学的毕业生。我说，建账就是由我们这边来建账，你不能等财政部来建，财政部靠什么？还要靠我们学校毕业的人设计会计制度。

另外还有一个是查账。现在我们谈查账，就好像会计师事务所就是查账的，实际上，会计师事务所是外部查账机构，而企业自己内部要能够查账，搞内部审计。特别是现在要强调的，不要贪污，要反腐倡廉，责任都是内部审计的。所以会计的第六个作用，就是我们会计要自己审计、审查，审计不能等上面，等审计署来查账，也不能等会计师事务所来查账，要自己设立内部审计部门进行查账。内部审计是自己审计自己，这是最有效的，因为他们（内部审计人员）是企业的主人，在企业工作，最了解哪里有毛病，哪里有贪污，哪里有成绩。所以会计工作，应该把内部审计摆到很重要的位置。在内部审计方面，我们财经大学也是走在前面的，国内有关内部审计的第一本书是我们写出来的。而怎样把内部审计和内部控制结合起来，也是财经大学先提出来的。5年前，我和朱荣恩接受审计署委托，写了一本《内部控制论》，这是审计署推荐的第一本作为高等学校教材的书。

所以会计的定义，包含记账、算账、报账、用账、建账，还有查账。这里边六个账，审计是很重要的一环，我一直强调六账，把审计（这里应该是说会计）的含义扩大，这样审计（这里应该是说会计）才能发挥它的促进企业提高经济效益的作用，才能起到帮助企业内涵扩大再生产的作用。

品种法是成本会计核算成本的方法。在20世纪六七十年代，我和龚清浩老师对成本会计做了全国性的调查。成本会计本来是采用订单法，苏联又提出了简单法，简单法是很含糊的。我们跑到企业，到鞍钢、宝钢、大庆油田去调查，到上海的自行车厂调查，到上海闵行的六大厂（上海汽轮机厂、上海电机厂、上海重型机器厂等）调查。之后我们发现在书里面没有讲到品种法，书里面只讲到简单法和纺织厂里面用的分步法，苏联会计也没有讲，美国会计也没有讲。我们想，上海自行车厂或者上海汽车厂，它用什么方法核算成本呢？后来，我们考虑到对于生产复杂的大型企业，要采用品种法。

你的生产过程中有几个品种？比如我们汽车制造厂，既生产大型客车，又生产轿车。它有两个品种，就应该根据产品品种计算成本，生产一个品种，就要使用一个会计方法。品种法适用于大型、生产复杂的企业。所以，有什么品种，我们就应该针对各个品种来进行成本计算。在这个基础之上，我们提出了品种法。

品种法最早出现在我们写的一本《工业会计学》[1] 里。《工业会计学》里边提出品种法。提出品种法之前，外面都是搞什么系数分配法，或者是定额比例法。后来我们觉得定额比例法不是一种成本计算方法，它仅仅在产品成本当中把在产品成本划出来。从产品成本里面划出在产品成本时，划出多少呢？需要按照定额比例划。

本来觉得成本会计很复杂，我们就设计了一个成本会计系统，收入费用先在生产费用表里反映，生产费用发生以后，再把生产费用分配到各种产品，到各种产品要完成时，把在产品成本划出来，剩下的就是产成品成本。当年，汤云为和周忠惠来考博士时，我说你们没有读过品种法，对成本会计的一个总的系统你们搞不清楚。就叫他们去看了我编的《工业会计学》。《工业会计学》里面，将所有的成本从生产费用表分配到各个部门，分配到各种产品：分配到各种产品的，便是产品成本；分配到各个部门里面的，便是车间经费，或者是辅助生产的管理费用。对于辅助生产的管理费用、车间经费再按一定标准来分配。整个成本会计就是这样构成的，并不复杂。

关于品种法，开始财政部也没有，我们在上海提出了品种法以后，中国人民大学就首先响应，把它作为一个主要内容编进教材。后来财政部会计司

---

① 《工业会计学》，上海人民出版社 1988 年 7 月出版。

在成本会计条例里面，也把品种法作为一个专门方面来介绍。品种法现在差不多已经都有了（普及了），各个学校，不光我们学校，对于品种法，都不陌生了。

筹办大华会计师事务所

那接下来讲怎么会搞会计师事务所。那是 20 世纪 80 年代初，国家有很大的变化，教育开放了，来的外资企业多了，促使会计也向西方学习，西方有的我们也要有，我们的会计课程差不多和西方的会计课程同步了。在国外，会计书主要的编写人都是注册会计师，因为外国人有一个想法，就是会计是一个服务性很强的学科，要教会计一定要懂得会计，一定要做过会计工作，所以注册会计师在国外的地位是很高的。国外有三个职业的地位是比较高的，待遇也是好的：会计师、律师、医生。外资企业到中国来以后，他们首先要问："你们有没有注册会计师，我们的账年底都要由注册会计师查的，你们有，那我们来开公司，如果你们没有，我们自己带人来查账。"

那个时候，我在财大会计系当副主任。开会的时候，我们谈到，国内还没有注册会计师，我们努力的方向是会计系将来能够培养注册会计师。我提出来要搞一个会计师事务所，要自己有事务所，自己有注册会计师，我们系里面的人都能够做注册会计师，那我们学生实习就方便了。这个意见娄尔行很赞成，龚清浩也很赞成。龚清浩在我读书的时候就很看重注册会计师的，当时，学校里也没有人反对。龚清浩、娄尔行说，老徐你考虑考虑，是不是办一个事务所。（中华人民共和国成立后）国内没有个人办过会计师事务所。只有上海财政局受财政部委托办了一个上海会计师事务所，因为外资企业到中国来要注册会计师查账。我们学校里面的龚清浩、娄尔行、梅汝和①，还有我，我们都是上海会计师事务所的董事。来国内的外资企业很多，一个上

---

① 梅汝和（1918—2000 年），男，经济学家、教授，1942 年毕业于上海交通大学管理学院，并留校任讲师、副教授，后留学美国沃顿商学院。1949 年，梅汝和回国，任上海市政府财务处处长，商业局财务处处长，后来任上海财经大学、上海交通大学教授。

海会计师事务所做不完，到后来开始吸收立信会计学校的学员，再后来弄了十几个分所。那时，冶金部搞了个会计师事务所，纺织局办会计师事务所，轻工业局也搞了个会计师事务所，有的部门甚至弄了十几个分所。我们说，人家已经这么忙，我们一个注册会计师都没有，那不行，我们要努力自己办会计师事务所。会计师事务所当时是能够创收的，给人家查账要收钱的。那么好，办，要办！

办事务所要用人，要有地方，开办费相当贵。学校当时经济比较紧张。学校里面只有国家拨下来的一笔教学经费，没有钱给我们办事务所。我们商量，办事务所第一步是和财政局的会计学会合作，龚清浩、娄尔行说可以试试看。他们（会计学会）是不是要我们呢？那个会计学会的秘书长，是一位老先生，已经80岁了，叫陆修渊①，人很好，他说好，可以和财大联合办，财大有人，有教师，能够提高水平。就这样，大家联合起来办一个会计师事务所，独立的，不属于学校，也不属于会计学会。叫什么名字？有人说叫振华会计师事务所，我说太小气了，我们中国是大中华，我们应该自己取一个有气派的名字——"大华"，即"大中华"，大华就是这样子提出来的。会计学会里边，龚清浩是会长，娄尔行是副秘书长，我也是副秘书长，那时候会计学会每两个月给会员做一次报告，会计学会有 4 000 个会员。

这个事务所成立了，但是没有钱。大华会计师事务所成立的时候，首先是成立董事会，董事会里面包括娄尔行、龚清浩、梅汝和。有了董事会以后就要落实办公地。财政局开办上海会计师事务所，他们已经有一个机构（办公地），我们就用它原来的机构（办公地）好了。那个时候负责的是陆修渊，那个人真好。我跟他讲，我们办事务所要借助会计学会。会计学会的那个事务所已经有十几个人，都是会计师。但他们也没有钱，在大沽路小学租了一个教室，也不容易。我说，我们也没有钱，我们也要用这个地方。所以财经大学没有拿出一分钱，我们就是利用大沽路小学的这一个教室，用小学生的课桌椅做我们的办公桌。

---

① 陆修渊，男，上海市会计学会首任秘书长。

总要有点开办费用，那个时候陈和本副校长说要拿两万块钱出来做开办费，但两万块钱也不够。因为要聘用注册会计师，又要租房子。那时候会计学会里边已经有十几个人，他们自己也在考虑发展新业务。最后，只能会计学会的名义向会员发展会计顾问单位，一下子来了40家会员，一家交了两万块钱。会计顾问由谁做呢？我，因为事务所等于是我创办的，由我担任他们的常年会计顾问，还弄了几十张聘请书。我出面，会计学会的人都认识我，因为我是会计学会的副秘书长，我给他们讲过课的，系统地讲管理会计。因此大家都说好，徐政旦做顾问我们愿意的。于是有了80万块钱，有40个客户，这40家都是大人家（大企业）。金山石油化工总公司、闵行的上海电机厂、闵行锅炉厂、闵行缝纫机机器厂，都是我们的顾问单位，都成了我们的客户，后来宝钢也来了。一个事务所有了固定的客户，有了几十万块钱的顾问费收入，那是很好了，等于办起来了。办起来以后，娄尔行担任董事长，龚清浩担任顾问，我是副主任会计师、副董事长。随后，我们自己内部又制定了一些章程和怎么做业务的一些程序。大华就是这样办起来的。

但是条件还是很艰苦，在小学里办事务所不太像样。那时外国有些事务所，像普华（一家会计师事务所），到中国来，要找我，跑到了小学教室里。很不像样，但是没有办法，只好慢慢地一步一步发展，后来经济上能够独立了，感觉没有派头，就和财经大学商量要成立一个外事部。在（上海）中山北一路369号，有个新大楼，在财经大学里边，我们在那借了一个大教室，作为大华会计师事务所的外事部门。后来我们也自己发展了几个工作人员，一个是曾在上海会计师事务所工作的女老师，也是会计师（兼职），叫沈钟蕙①，曾任铁路局会计科科长，人蛮能干的。我们在上海有了两个大客户，一个是金山石油化工总公司，一个是宝钢。

后来怎么办到深圳去的？深圳是我国开放最早的地方，外资企业最多，上海没有深圳发展得快，但深圳很难打进去，当初上海会计师事务所想要到深圳去，打不进去。他们深圳当地人唯恐上海会计师事务所去了以后把他们深圳人

---

① 沈钟蕙，女，毕业于武汉大学，曾审计深圳中冠纺织印染股份有限公司（000018. SZ，现深圳长城）、深圳惠中化纤实业股份有限公司（000036. SZ，今华联控股）。

挤出来。后来有一次，在上海开全国会计学会的会议，我碰到了珠海财政局副局长，姓徐。他主动跟我讲，说珠海有很多外资企业，但是没有一家会计师事务所，他希望珠海财政局和上海大华合作办一个事务所。我问沈钟蕙有没有兴趣到珠海去发展业务，她说愿意去。但是她一个人不行，要我派两个人帮帮忙。那时候，谢荣还在读硕士，我觉得他做事很认真。我说，谢荣，我们在珠海成立了一个事务所，沈老师去，你也去。他说，他女儿刚出生，安排好家里事情后可以去。

那时去珠海没有飞机，铁路也不通，要到了广州以后，再转乘长途公共汽车，（从广州）要半天才能到珠海，很艰苦。谢荣和我一起到珠海，成立了珠海会计师事务所，牌子是当地财政局挂的。谢荣去了以后，和沈老师几个人，具体办起业务。后来上海大华又派去两个人做业务，他们到珠海以后住在旅馆里。财政局开了张名单，列了几十家客户，说是财政局管的。那时候我在财大带了两个硕士研究生，我就让他们两个人去联系业务。当时珠海还没有注册会计师。企业问："你们来干什么？"我们说："来查账。"企业说不晓得还有外面人可以到企业里面来查账的，他们不相信，以为是骗子。我们就说是珠海财政局的徐局长介绍来的，他们就打电话给徐局长确认。之后我的两个学生就专门负责揽业务。成立珠海会计师事务所以后，有财政局支持，揽业务还蛮方便的，一下子就有几十家企业委托我们事务所做了。谢荣是业务骨干，他和几个硕士研究生一起做，一下子把几十家企业都包下来了，客户很满意，谢荣在珠海会计师事务所也得到了锻炼。所以到后来，谢荣去毕马威、普华做审计，上来就可以做，而且做得非常好，谢荣也出名了，后来就当了毕马威的合伙人。谢老师不仅是理论上出色，做实际工作也很出色。

珠海会计师事务所业务发展得比较好，也赚了些钱，一年下来我们赚了30万元。那时候上海财经大学办事务所时是没有钱的，一下子有了几十万块钱的年收入。实际上我们是和会计学会合办的，会计学会哪怕要财经大学补贴一点，那也应该的。所以后来珠海会计师事务所拿出10万块钱，上海的大华也拿出10万块钱，一共20万块钱付给会计学会，从此以后，会计学会和事务所就没有关系了。这样就在珠海立足了。但珠海这个地方总归小，不像深圳那样局面（市场）大。

当时的广东省财政厅厅长说，你们要办还是要办到深圳，在珠海发展的前景小。广东省财政厅厅长支持我们在深圳发展，他和深圳财政局局长打招呼说："上海大华准备在深圳成立一个会计师事务所，希望你们支持他们。"深圳财政局就同意了，我们再打报告给深圳财政局，就可以到深圳办事务所了。有一些工作事先都没有准备，等到深圳财政局同意我们在深圳开办事务所，我们当天就在深圳起草申请，谢荣也参加了。拿了广东省财政厅的介绍，和深圳财政局打交道方便多了，后来深圳财政局也同意了，同意上海大华在深圳成立大华会计师事务所深圳分所。

有了这个关系，我们积极地开始准备，找地方，找客户。我们经人介绍在深圳的怡景花园租到了 5 间房间创立了深圳大华会计师事务所。有了房子、牌子，业务也发展起来了。当时沈钟蕙负责联系银行，花旗银行想找家中国会计师事务所给他们查账，就问了深圳市副市长张鸿义，张鸿义曾担任过中国银行深圳分行的副行长。花旗银行说他们是世界第一大银行，要找一家著名的中国会计师事务所给他们审计。张鸿义说中国还没有出名的，最近上海来的，上海财经大学教授创办的大华会计师事务所，让他们来试试看，你们同意吗？花旗银行（人员）说可以。他们知道上海财经大学。张鸿义跟他们讲，事务所的主任会计师徐政旦是世界银行顾问。花旗银行（人员）说，那好的，叫他们来。于是我们就组建了一个班子去花旗银行，谁是负责人呢？梅汝和，他是沃顿商学院硕士，是我们的董事，也是财大的教授，他负责。当时谢荣还在读硕士，做他的助手。梅汝和与谢荣工作认真，肯动脑筋，花旗银行非常高兴，说他俩做得很好。他们说："我们在美国的国际会计师事务所，还没有你们两位做得这么好。"然后还去外国银行宣传了。他们说："现在给我们审计的是大华会计师事务所，上海来的，他们的所长是世界银行顾问，我们很满意。"因为花旗银行是外国银行界的头头，结果他们一宣传，好多外国银行听了他们的介绍都找到深圳大华，包括富士银行、东京银行、巴黎银行等等。好多外国银行都找到我们，当时深圳大概有 14 家外资银行，其中有 13 家都找了我们，我们一下子成了银行专业户了，收的钱都是港币。那时上海财经大学一点外汇都没有，有一次派人到外国去，只给 30 美元，到外国去 30 美元怎么用呢？打打电话的钱都不够。后来我们拿了港币，自己都不用，把所有的 10 万元（港币）汇给上海财经大学，那时候上海财经大学有了 10 万（港币）外汇，到外国去，就宽裕得多了。就这样，我们在深圳也立足了。后来事务所要做国际业务，在怡景花园借房子也不合适了，就花了 300 万元在深圳纺织大厦买了一层做办公室，有 1 000 平方米。那 300 万元是汤云为向深圳招商银行借的。有了这 1 000 平方米派头就大了。

那时，普华①是香港很大的事务所，内地的市场很大，他们一直希望跟内地有联系。普华在内地有业务，但没有人办事，很多事情都委托大华办。两家事务所关系很好。后来中国香港普华派了人和深圳大华联系，希望大华和他们合作。我把事情跟财大讲，那时候财大党委书记是潘洪萱②，为了要办这个大华，他自己跑到财政部，说上海大华想和美国的普华联合成立机构。最后财政部同意了，潘洪萱非常高兴，他认为这样合作，大华能够做些业务赚些钱。我们商量说当然是好事情，初步是搭个小班子。普华希望汤云为去做这个合作事务所的负责人，汤云为是校长，比较忙，他就推荐他的同学周忠惠③做总裁，周忠惠也是我指导的硕士生。他们都是娄尔行指导的第一批博士生。周忠惠后来一直做了下去，一直到张为国出国，他去接替张为国的工作（做证监会首席会计师）。普华大华就是这样成立的。

（整理人：赵健、尹成彦；会计史特约审阅人：张辉、宋小明。）

徐政旦会计口述历史相关文章和专题片

---

① 普华在 1998 年与永道合并为普华永道。

② 潘洪萱（1935 年— ），男，研究员（教授），1991 年任上海财经大学党委书记。

③ 周忠惠（1947 年— ），男，曾任上海财经大学会计系讲师、副教授、教授。历任香港鑫隆有限公司财务总监，普华永道中天会计师事务所总经理、主任会计师、资深合伙人，中国证监会首席会计师。

余盛钧：人无信不立

　　余盛钧（1922—2017 年），男，生于四川隆昌县（现隆昌市），毕业于上海中华职业学校会计班、重庆立信会计专科学校。他曾担任内江职业技术学院高级讲师，四川省会计学会第一、第二届理事，获得过"四川省职工劳动模范"荣誉称号。2017 年 9 月 12 日，余盛钧在内江逝世，享年 95 岁。

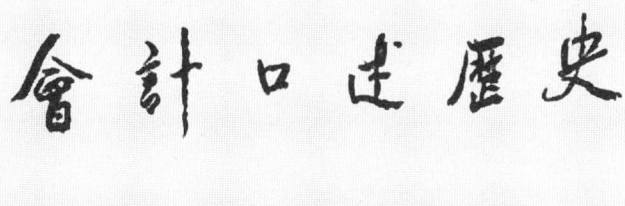

余盛钧

2014.8.20

口述情况

时间： 2014 年 8 月 20 日上午

地点： 四川省内江市东桐路 42 号内江职业技术学院宿舍

项目负责人： 曹巧波

现场工作人员： ——现场访谈/曹巧波

     ——摄影/尹成彦

     ——摄像/李九泽

  2014 年 9 月至 2015 年 12 月期间，曹巧波和岳旭琴先后对口述文字进行了审核。

余盛钧为会计口述历史题字

与会计结缘

我家是在四川隆昌城里面，在兴隆街，我祖父修了一个四合院。四合院前面是一个商铺，后面是一个作坊。作坊包括糟坊、米坊还有油坊。我祖父继承了一些家庭财产，之后自己经营了一些商业，所以我们家在小城里面基本上算是一个小康之家了。在我出生时，我家已经是祖孙三代同堂的一个大家庭了。我父亲有3个弟弟。我们家是经商的，家族里弟兄姐妹们都读了很多书。我祖父也有一定的知识，但是他更喜欢经商，曾经到过汉口经商。在中华人民共和国成立之前，他已将手里面的所有田产都卖了，中华人民共和国成立以后他生活很平静，一直到他1961年88岁过世的时候，都受到政府的关爱，他也非常感激政府。

青年余盛钧

　　我的外公是晚清时候的秀才，是廪生①。我外公的祖父是隆昌的进士，我外公家是书香门第的一家。我本人也有母亲的"文艺基因"，喜欢读书，爱搞文艺。

　　我从6岁开始念书，先念了1年私塾，读了《三字经》。从7岁开始在县里的城区的小学读书，从7岁一直到12岁读完初小、高小。13岁时在当时的隆昌县立初级中学上初中，16岁毕业，初中一共念了4年。我喜欢历史、语文课，等等，我数学成绩稍微差一些。初中毕业之后，因为隆昌没有高中，我要到外地读书。我有位堂叔叫余成源，他是南京政法学院毕业的，在重庆外贸委员会做会计处长。他替我报名中华职业学校会计班招生考试。他给我报名了之后，我就从家里赶到重庆投考，考试的成绩也比较好，所以后来就被中华职业学校的会计班录取。

　　我考上以后，从1939年开始在中华职业学校念书。当时日本轰炸城里面，中华职业学校搬到江边的乡下，当时读书是比较艰苦的。

---

　　① 廪生，秀才分为三等，成绩最好的称为"廪生"，由国家按月发给粮食。

这个学校现在还在上海，本来也是从上海迁来重庆的，抗战胜利之后又迁回去了。学校当时在重庆江北黄桷坪那个地方。学校所有的教师都是江浙一带的老师，读书时首先考验我的就是听江浙口音。当时我学的是会计专业，会计专业的老师是从菲律宾留学回来的，叫陈文，当时他已经有40多岁了，在中华职业学校的资历非常老，经验非常丰富，我们会计学的课本也是他自己编写的。中华职业学校是黄炎培等人创立的中华职业教育社①办的，请了很多专家来给我们做报告。其中有一个叫孙起孟②，当时他告诉我们关于职业的作用，如何敬业、乐业，要自己找饭吃而不是等饭吃。他告诉大家，要做到"双手万能""敬业乐业"③。中华职业学校对我的教育使我知道，怎么样敬自己的业，尽自己的努力去工作，使自己成为一个自己"找饭吃"而不是"等饭吃"的人。这都是当时孙起孟这位专家给我们讲的道理。

其他的老师也都是江浙的，他们的水平也都非常高。当时我们学习非常用功，其中有一门"敲门砖"课程，就是钢笔书法课，每个同学每天都要练习，老师每天批改大家的作业。在中华职业学校念书，我知道了如何尊敬自己的职业，专一地做好工作，为社会服务。这段教育历程，对我以后从事职业工作起了很大的作用。

除了会计学，还有语文。语文课上最重要的是应用文，主要是讲授当时社会上需要的呈文、公文、评论新闻、便条等各种各样的应用文，讲的是在职业中需要用到的东西。讲这个课的也是江浙来的庞老师，讲得非常清楚。我们还有珠算、数学这些课，有六七门。大家学得非常认真。同班同学里面，从沦陷区来的同学多一些，四川本地的同学要少一些。那时我们班大概有男生60个，另外一个班有女生60个。一共120人，男女是分开上课的。当时学制是一年。

---

① 中华职业教育社成立于1917年5月6日，至2018年有团体社员近4 000个，个人社员4万余人。

② 孙起孟(1911—2010年)，男，中国著名的教育家和社会活动家，为民建的创建和发展做出过卓越的贡献。

③ 当时的口号包括"劳工神圣""双手万能""手脑并用"等。

走向社会

毕业之后，中华职业学校推荐我们到重庆市贸易委员会下面的一个公司，叫作复兴商业公司①，是一个官办公司。全国各地凡是产桐油的地方，都有它的分公司，是一个规模很大的公司，由它的全国各地分公司收购桐油运到美国去，归还中国欠美国人的债务。当时全国没有沦陷的省份都有它的分公司、子公司等。当时会计科的科长是上海银行的一个工作人员，整个会计科里面大部分都是外省人。科长姓丁，是从美国留学回来的。公司的董事长叫陈光甫②，是全国有名的经济专家。我当时在里面做一些最简单的会计工作，还没有接触实际的业务。我介入实际工作，是在从复兴商业公司辞职以后，到另外一个公司做主办会计。

我做主办会计两年半，后来公司搬迁，要遣散一部分人，我就主动辞职到一个同事当办事处主任的民事供应处工作。做了半年之后，复兴商业公司一位老同事，是镇江人，约我到上海中兴保险公司工作，我就辞职了。以后就一直在保险公司工作，从基层到总公司，最后总公司迁到上海，我又到上海待了半年多的时间。公司搬到上海，就在上海宁波路和浙江路口浙江银行的楼上，用十七条半黄金，租了原来规模很大的一家跳舞厅作为公司办公的地方。我去了以后，见到这个公司外观上非常新颖，地板都是用小木条钉成的，每天打蜡，金光闪闪的，很气派。上海是当时我国经济最发达的地方，公司搬到上海之后，开展业务便利了许多。当时总公司会计处有七八个人。搬到上海之后，业务非常庞大。我们那位总经理是镇江人，家里世代都是干保险的，交际非常广，所以在上海业务非常繁忙。保险公司的会计工作以收保费为主，主要是管理保费收入、赔款以及人员开支、管理费用等。从编制凭证到编制报表，基本上都是我在做具体工作。我上面还有会计处的处长，他主要负责管理工作，具

---

① 复兴商业公司是贸易委员会下属规模最大，后来也是唯一的一家国营贸易公司，是负责执行战时统购统销、易货偿债政策的重要机构。

② 陈光甫(1881—1976 年)，男，中国银行家、中国近代旅游业创始人。他创造了中国金融史上的多个"第一"，在 20 世纪前半叶的中国有着举足轻重的影响。

体业务是由我和其他会计来办理的。我当时是会计主任，负责汇总、审核、编制报表。会计基础工作我全部会做，而且做得比较准确。

中兴保险公司在上海已经算是一个很大的民营保险公司。我们那位总经理是从太平保险公司出来的，他成立了中兴保险公司，所以他属于中兴保险公司的老板。当时我们的会计制度和管理规范也参考了一些国外公司、太平保险公司的制度，记账用借贷记账法，从编制凭证、登记账簿到编制报表，设有一套适合保险公司的会计科目。这些会计科目反映保险收入来源、保险公司赔款、保险公司的费用开支等。以前南京国民政府只管政府会计，除了政府部门，民营的银行、保险公司、其他的商业公司，都是各自根据各公司经营业务的特点来设立会计制度。

在上海不到半年我就辞职回重庆了。我自己跟同学合办了一个小保险公司，叫静安物产保险公司，总公司设在重庆，人员不多，规模比较小，但是所有业务都齐全。从被保险人员的投保、如何发保险单到保险管理、保险赔偿等，完全是一个标准保险公司，只是规模小一点。这个公司我有一些股份，是我的一些亲戚、同学大家共同出资的。公司有"经济部"发的公司执照，"财政部"发的保险公司执照。当时办保险公司不仅要有"经济部"发的公司执照，还必须要有"财政部"的货币管理司发放的保险公司执照。

当时我们本来准备大干一番，但是由于当时南京国民政府制度很腐朽，货币一直在贬值，保险公司没有经营商品，手中的货币不断受南京国民政府货币贬值的影响，后来资本基本上化为乌有了。到1949年，中华人民共和国成立之前，公司就停业了。

在立信会计专科学校求学

我当时一边工作一边看一些有关的书。后来回到重庆之后，1944年我就考取了重庆的立信会计专科学校。这个学校第三班是经过南京国民政府教育部批准的成人教育班，学员可以在晚上上课，白天在单位工作。班上的同学，以外省的同学居多。抗战胜利之后，很多同学跟着单位搬回去了，最后剩下我们35位同学，1946年下半年从重庆立信会计专科学校毕业。

当时一共有20多门功课，包括会计学、成本会计学、公司法、商业会计、商业概论、伦理学、英文、语文等，其中会计课很多。印象最深的是我的班主任，就是给我们上高等会计学的王老师，一直到中华人民共和国成立之后我们还经常通信，他叫王逢辛，是一位教授，是1935年中国高等文官考试的第一名，我们的毕业照片中有他。他曾经给我的《会计简史》写了一篇序。我跟他一直保持通信，他的资历很高，学问很高，在中国现代会计史上算一位名人。

在我们上学的时候，潘序伦老师第一课就跟我们讲"天助自助者"。做人首先要自助，一个人能不能成功，要看自己努力不努力，自己是不是帮助自己，是不是真的用功，如果你真的用功，天会助你，天就指的社会，你自己都不努力，社会就无从帮助你。这句话我一直到现在都印象很深，记得他老人家曾给我们讲过这么一堂课。之后他找许多专家给我们讲课，马寅初也到我们学校来讲过，很多人都给我们做过专门的报告。他也很尊重每一次给我们做报告的这些专家，一个叫杨卫玉①的专家，就给我们讲"学而优则仕"，即成为优等的学生然后再去当官。他还说"仕而优则学"，即在外面工作得很好，还要来学习，这是针对当时的在职青年再到学校学习现象，他用了"仕而优则学"来形容。当时我们市区班在城里面，立信会计师事务所楼下就是上课的教室。还有一位叫作杨荫溥②的老师，讲金融通史，他根本不用书，他讲我们记。

当时我们用的教材有些是外面买的，自己编的很少。《商业概论》是陈文老师编的，就是我在中华职业学校时的那位会计老师。讲这门课的是

---

① 杨卫玉（1888—1956年），男，字鄂联。第二届全国政协委员，曾任轻工业部副部长，历任中华职业教育社办事部副主任、总干事。
② 杨荫溥（1898—1966年），男，字石湖，江苏无锡人，曾担任上海财经学院教授、上海社会科学院经济研究所研究员。

当时很有名的民主革命家章乃器①。我们当时的老师都是很有名的一些专家学者。因为在城内开班，潘序伦聘请的很多老师都乐意来给我们讲课，我见到过很多中国很有名的专家。

当时我们的英文教材是国外的教材，英文老师说，那些教材就相当于我们国家的《古文观止》，内容是比较经典的英文。讲公司法、公司组织的老师，批改作业喜欢用英文批。当时他教我们做一个作业：如何申报一个公司，怎样写呈文，股东各有多少股份，怎么样组织股东会，如何监察等。把办一个公司的整套业务作为一个练习。学生做得好的，老师就会在练习上评一个excellence(优秀)，都是用英文批改的。班里面外省同学的英文水平比我们四川同学的英文水平高一些，因为他们接触英文的时间更多一些。

在内江百货公司

1950年8月，内江专区百货公司招收会计人员，第一条要求是有经验，第二条要求是有学历。我报名参加了考试。考试的时候，我发现题目计算方式有问题，就向监考人员反映。他们以为是我不懂，我告诉他们这个题目本身有错误。经我反映过后改了题目，大家才做的。当时报考会计科的有70多人，最后录取了10个人，我是其中之一。会计科有10多个人。"三反"之后，我代替会计科的负责人管理整个会计科的工作，也就是后来的会计科长做的事。

百货公司的商品有几千种，每一种都有进、出（应是存）、销的账，叫作三级账，包括：总账，整个资产负债的总账；二级账，就是各种各样的应收应付；三级账，是专门记商品的。会计人员有六七个人，每个人掌握一部分，每天商品进多少销多少都要记账，这个工作非常繁复。1953年，当时的西南商业管理局派人到内江来，让我们会计科试点，把门市部的工作改为商品金额核

---

① 章乃器(1897—1977年)，男，原名埏，字子伟，又字金烽，浙江青田人，中国近代政治活动家、经济学家和收藏家，爱国民主先驱，救国会七君子之一。章乃器曾从事会计工作，担任立信会计学校校董。1950年，章乃器在上海《大公报》发表《应用自己的簿记原理记帐》《再论应用自己的簿记原理记帐》两文，引发关于收付法与借贷法的大讨论，震动会计界。

算制，就是说不需要记录商品账，而将每一个营业员手中保管的商品，换算成一个总的金额，他销了多少金额，领了多少商品，给他记上，月底盘点他手中管理的商品，看跟他账上剩余的金额是否相等。这个工作解放了营业员，营业员不需要针对每样东西开一张发票去缴款，可以实行"一手钱，一手货"制了。在内江试点之后，西南商业管理局向全省其他百货公司进行宣传，我还在省公司做了一次报告。这种方法减少了营业员的工作量，扩大了销售。这个关于会计工作的改革是在内江先试行的。

中华人民共和国成立之后百货公司的会计制度是由商业部统一制定的，我现在还有一本最早的百货公司会计制度，很繁复，有一两百个会计科目、几百个子目。当时必须要按照商业部规定的会计制度，用它的科目、报表。会计科目、会计名词都是根据商业部的布置，全国统一使用的。因为基本原理是一样的，所以我看一看就懂了。把原理记在脑子里，需要用什么科目就翻书。从编制凭证到登记总账，然后根据总账编制会计报表，方法基本和旧的会计理论是完全一致的。原理一致，只是名称不同、科目不同。

当时会计科有个别老同志是原四川省银行留下来的，有一部分是西南贸易学校分配来的，我手把手地教会了好几个同事。像糖酒公司的总会计师，可以说就是我手把手教会的，他已经不在了。

1956年百货公司分公司转变为商业局。内江专区商业局主要做管理工作，而不是经营业务了。当时在百货公司也算国家的干部，和政府人员没有区别。商业局是政企合一，既是行政部门又是企业，管整个内江的八大公司，以及内江下属的几个县的县商业局。我经常被派到资中县商业局、荣县商业局，帮助他们的百货公司搞商品分期分类堆码，以提高工作效率，减少错乱。

百货公司的考核指标首先是利润。利润要多，就是必须要扩大销售，减少费用开支。百货公司一方面上缴资金，最初每天把销售交易额汇到省公司，公司需要资金，又上报省公司申请拨付资金下来，用来收购内江的白糖、资中的食糖。当时糖酒公司没有成立，医药公司没有成立，糖、医药都是由百货公司一揽子操作，非常忙，生意也很多。百货公司的商品基本涵盖了一般市民的消费所需，控制了市场。后来才分出医药公司、糖酒公司。

我在商业局主管的不是具体的会计工作，而是管理工作。有一位同志主要管机关单位的财产、资金运用等，我主要是管外面的管理工作。我只管商业那一部分，工业那一部分由工业局管。商业局管八大公司，管八大公司的商品购进、销售、储存、费用开支，人员进出也都是商业局管理的。商业局推动了八大公司的工作，保证了市场的供应，属于行政管理部门。

我们当时的待遇和公务员一样。我当时工资是 20 级，是科员级中的最高级。后来我也做过 19 级科长。我是百货公司的科长，比商业局的科长要低一等。我的级别很多年都是 20 级，我爱人在人民银行工资是 23 或 24 级（记不清了）。我们两个人的工资加起来，在当时是比较多的，可以请保姆专门喂养我的儿子。

在内江财贸学校

后来省商业厅拨了一些资金，让每一个地区办一所商业学校。内江商业局办公室主任偷懒不想办，就交给县级市内江市办。现在内江市是大市，当时市中心区域叫作内江市，是一个小市（县级市）。市商业局来办商业学校，就把我调到商业局，不到一年就搞"文化大革命"了，以后就一直停课，闹革命，这段时间就是你斗我我斗你，工作、业务、学习基本上抛开了。一直到 1974 年内江财贸学校成立，我被调了过去。

在"文化大革命"的时候，教学工作基本上停止了，但是我也没有丢掉看书看报这些习惯。其间凡是商业局要办短期培训，都要把我抽调过去。这中间没有职业教学，我被抽调去负责一些临时的教学工作，之后才正式被调到财贸学校，一直搞教学工作。

财贸学校原来是内江财贸干部学校，主要是培训政治思想相关内容。到了1961 年，突然想搞会计培训，就把我调来办会计培训。1961 年办了两期，都是我在搞教学工作，写教材，根据教材写简单的会计理论、账户分类、会计科目等，我编写了一本很厚的教材。培训了两期之后，我又回到原单位。1965年财贸干部学校要办一次为期半年的比较高级的培训，又把我抽调去了。我写了比较详细的会计教材，教了半年，那半年还教了财务管理。那半年我每天讲半天、4个课时，一个星期讲6天，基本上是我一个人讲。另一个调来的老师负责批改作业。我们两个人把财贸学校办的第三次会计培训"包"下来了。所有的学员都对我们的教学很满意，因为我们讲东西会结合实际工作。我们是搞实际工作的，除了理论之外，可以把实际工作中的一些问题结合起来讲，他们觉得更加生动，更能把握会计的基础工作要点。这几次培训班办好之后，大家的反馈还是比较好的。1961年的两个班，学生都是从单位挑来的。从每一个县里面的商业局的八大公司、供销社的基层供销社抽调人员来，他们很多都不懂会计。当时会计比较缺乏工作人员，学员来了之后，通过我们的培训，回去就完全可以适应会计工作。所以我做教育工作，是从成人教育开始的，而不是普通学生教育。

这些学生基本没有会计基础。我们从借贷记账法、记账原理、怎么记账、怎么编写会计凭证、怎么编制会计分录等一样一样地教，结合实际工作，结合他们做过的营业员、保管员、业务员等的经历，给他们一讲他们就听得懂。经过培训后，他们作为基层会计人员应能够胜任工作。

这个培训班每一期有六七十个人。1965年上半年又办了一期，持续了半年，除了会计还讲财务管理。讲怎么运用资金、管好资金，怎么贷款、借款，哪些该开支、开支的标准是多少。

我感觉自己在做老师这方面还行。当时，商业部门、财贸部门有学历的会计比较少，每一次搞职业培训都要把我抽调来。教育者要先受教育。凡要教课必须要通读教材，再编写教案，把握好章节的目的、重点、必须要掌握的内容。怎么样用这个科目，怎么样用那个科目，怎么记录金额，都要仔细跟学生讲清楚原理。怎么样根据原始凭证编制凭证、记分类账、记总账，一步步都要讲清楚。结合实际经验讲，不懂会计的学生，也更容易懂一些。

后来培训基本上慢慢正常化了。我调来财贸学校的时候是1974年。第一届的学生都是从下乡的知青中招来的，年纪比较大一点。他们下乡待了一两年，有机会来学习，都非常用功。当时学制是两年，学习一年半之后，就到单位去实习，我讲课时他们非常认真。他们年纪比较大一点，理解力也比较强。当时开学讲增减记账法，讲了原理之后，又讲什么是借贷记账法，让他们既懂增减记账法又懂借贷记账法，而且结合他们的工作实际讲。借贷记账法是全世界通用的，增减记账法①是商业部在1964年创造的。这个班毕业之后，财贸学校当时缺老师，把班上学习成绩最好的留下来任教，现在好几个老师都是那时候留下来的。

1974年进校的就是74级，陆续还有75级、76级、77级、78级这四级，学生都是从知青中抽调来的。那个时候指标很少，76级才100个指标，分配给每一个县几个指标，学校派老师去招生，由公社推荐，招生老师认为这个同学可以，就把他录取了。大概从1981年开始，就是统一招考了。在这之前，要进入财贸学校非常困难，因为进校之后一毕业就分配工作，而且是很好的工作。当时主要有两个专业：一个是商业会计专业，一个是银行税务专业。商业会计专业学生毕业后大部分是分到国营公司，少数分到供销社。银行税务专业的大部分学生分在银行和税务局。所以有段时间要进入财贸学校是非常困难的。

当时我们会计教研室就我一个人。我们有一个同志叫皮祖志，他没有学过会计，上过高中，高中毕业之后肯钻研。他是乐至县百货公司的会计股长，1953年省百货公司实行新会计制度，有100多个科目400多个子目，全省集中会计负责人、分公司的科长、县公司的股长学习一个月之后进行考试，他考了第一名。每一个东西他都记得非常熟悉。我比较马虎，我会计原理基本上都懂，至于什么科目什么子目就记不住了，翻一翻就可以，马马虎虎，就没有死记硬背。他死记硬背，考了第一名。后来我们就把他从乐至县调过来当老师。当时，我一步步带毕业留校的学生，教他们怎样讲课，怎样写教案，第一课怎么上台讲，一步步告诉他们，使他们都可以胜任工作。

那时的会计教材是我整理的，在内江编写的。当时我在成都开会，与会老师都讲教材用起来很困难，我就建议由我们自己来编一本教材。当时商业局很感兴趣，我就请示我们学校的校长，校长说到内江来编写吧，后来在沱江旅馆

① 增减记账法是以"增""减"为记账符号，以"资金占用＝资金来源"为理论基础，直接反映经济业务所引起的会计要素增减变化的一种复式记账方法。它是我国会计实务中曾经实行的一种特有的记账方法。该法经过试行，于1964年开始，在我国商业系统全面推行，工业企业和其他行业也有采用这种记账方法的。1993年7月1日《企业会计准则》实施后，我国改增减记账法为借贷记账法。

专门包了几个房间，作为编写教材的地方。我们派了一个年轻的老师为大家服务，把大家集中到内江来编这本教材。《商业会计》这本教材就是我主编的，我们很多人参与了，由商业厅的人出面，内江由我牵头，一共发行了4万多本。那一次的影响是非常大的。

这本教材是适合商业部门的，是以商业企业作为购销主体来编写的。商业企业商品的购买、销售、库存，有自身的特点，和工业企业完全不同，工业企业的成本比较多，商业企业的成本比较简单一些，但是它的费用、应收应付、在途商品等有它不同的特点。当时，四川只有一条成渝铁路，与外省联系困难。当时的商品进出非常缓慢，在会计处理上有自己的特点。

当时编教材，成都一个商业学校、重庆一个财贸学校，永川、绵阳、自贡的财经学校，每个学校基本来了一个人。我主要编里面比较难的像糖果厂之类的商办工厂的会计内容。不是工业部门办的，是商业部门办的，跟商业有关的工厂，叫作商办工厂，像棉纺厂等。

所有的会计都是以国外传进来的借贷记账法为基础的，一定要弄清楚原理。有一段时间，商业部认为借贷记账法是国外资本主义的方法，就把它废除了，就搞增减记账法。工业部门原来还有用现金收付法的，有多种多样的记账方法。当时认为从外国引进来的记账法是资本主义的借贷方法，极力反对。在1958年"大跃进"的时候，提倡无账管理，所谓无账管理就是既不要登记，也不要会计科目，也不要账簿，也不要编制报表，被称为无账会计。这个是讲不通的。商业部门的资金有不同的分类，有商品资金、应收款资金、预付款资金等，记账就必须编制会计凭证。实行无账管理，不要会计科目表，如"0013"写一个金额就完了，或者库存商品写"0018"就完成了，把账目搞得一塌糊涂。当时我就不同意这个观点，一个人的记忆力有限，今年这样，过一段时间会计科目变更了，编号又不同了，就像电报编码一样，必须要翻本子来看0013是什么科目。所以在1958年的时候，全国有几个地方实行了无账会计，根本就行不通，后来就废除了。在全国会计大事里面，实行无账会计这个过程应该算得上。当时商业部《商业周刊》曾经还提倡了这个东西，最后发现不行，还是废除了。

内江会计师事务所诚信办事处

在 20 世纪 80 年代，国家就批准可以成立会计师事务所，因为当时外资进到中国来，很多都需要验资，需要会计方面提供证明，财政部批准恢复注册会计师这个行业。成都先成立了成都会计师事务所①，他们有 9 个人，都是中华人民共和国成立前的会计师。1985 年省财政厅派了一个人到内江来，准备成立内江会计师事务所，由财政局牵头来管理。我那时是内江市会计师学会的副会长，经常跟财政局打交道。会长是财政局的一位副局长徐文正。我经常和他打交道，就知道会计师事务所业务繁忙，要成立几个分所，叫办事处。工业部门成立了一个正德办事处，我想让我们（内江）财贸学校的老师接触实际工作，也组建了一个全新的班子，成立了内江会计师事务所诚信办事处，挂靠在（内江）财贸学校。我担任法人代表和办事处主任，皮老师是主任会计师。还有一位陈老师做办公室主任。我们（事务所）的收入都不分发，我们没有工资，出勤的时候会发一点津贴。后来因为有企业要验资，从城里面到我们学校来很远，我们又搬到城里面，在五金公司楼上租了一间房子作为办公室，就在里面做了几年，跟陈老师和皮老师他们两个。后来皮老师退休了，我就把主任交给他做，办事处的法人代表由邓校长做。那个时候我们不发工资，勤俭办企业，最后办事处有 7 万多块钱，用 5 万块钱买了图书送给学校的图书馆，买了一些像《大英百科全书》之类的书。我们学校图书馆的书，很多都是我们事务所送的。

当时的业务有的是工商局介绍的。如某个企业要验资，就先要去工商局报备；要成立一个什么单位，成立一个什么公司，成立什么工厂，要到工商局办手续，工商局会介绍他们到事务所来。收费标准是有统一规定的，验资的，根据金额大小收 100 块钱、200 块钱、300 块钱。那个时候还要借用学校的车，把我们送到各个单位去。我们出一个验资报告，对方拿验资报告才可以去工商局

---

① 即后来的四川会计师事务所，隶属四川省财政厅。

拿执照。达标审计收费标准稍微高一点。一个公司，怎么编制凭证，怎么记账，改正错误，怎么盖章，怎么登记，都要搞得很规范，对这些工作进行审计叫作达标审计。会计工作要达到一定标准后，然后再升为三级、二级、一级水平，我们就帮助检查哪张凭证做得不对，哪一个附件附得不好，都要为他们提供咨询，这些咨询收费要稍微高一些，因为工作很繁重，最后还要经过财政局验收。

学校其他教研室的同志也都参加了，他们是兼职的，主要的人就是我们3个。因为没有评上注册会计师不能签字，只有评上的人才可以盖章，我们3个人有注册会计师资格。到了1989年，我们几个人都退休了。几个人都超龄了，注册会计师执业年龄限制在70岁以下，我们几个人都超过了70岁，所以不能执业了，其他的年轻老师没有这个兴趣，也没有取得注册会计师资格，不可以执业，办事处只好停办，账上剩下的资金几乎都买了图书交给学校了。

后来我们学校又承办了中华会计职业函授学校。全国中华会计职业函授学校，在很多省都有分校，四川没成立。当时皮老师知道了这个信息，有一个曹校长非常想办函授教育，我跟皮老师还有曹校长亲自去财政厅，请求办函授教育，要求把这项工作交给我们。他们非常高兴。四川省的中华会计职业函授学校就是由内江财贸学校办的，总校的牌子挂在成都，但是实际是我们办的。当时全省各个地方的函授学校的教材都发到我们这里，再由我们发给各个分校。我们为整个四川培训了五六万名中专毕业生，当时我还写了一个简报。

会计研究

我自小念书的时候，总喜欢把很多东西收集得比较齐全，1982年四川会计学会成立，内江财政局局长和另外一个科员邀请我参加。大概是1981年，我被选为理事（成立之前选定），做了6年，每年都要去开年会。我那时开始注意到会计不单是技术问题，还有很多高级方面的学术、理论问题。

1981年后，全国的科研也开始动起来了，我开始收集一些资料。每一次到成都去看望亲戚，都不是在家里玩，而是在成都图书馆，我每一次去都到那里去抄很多的资料，我收集的会计史、会计法规等全部都是在成都图书馆抄的。在一次开会的时候，听说有一本叫《玉海》的书，是南宋王应麟①写的，它里面有一章叫《食货 会计》，是写会计的。这本书只有重庆图书馆有，是一本很宝贵的明代出版的善本书。那本书经过省文化厅批准才可以借，我就跟学校人事处处长说了，然后就到重庆去借了，借到后一笔笔、一篇篇抄，把整本《玉海》抄下来了。那时没有复印机，只能靠手抄。

我在成都收集资料，1919年北洋军阀时的《注册会计师法》我都是用手抄的，那时候抄写，会遇到很多是繁体字。现在年轻的人都学简化字，不认识繁体字。我既然抄了这些东西，如果不能用起来就等于废纸一样。为了让现在的注册会计师知道有这么一些资料，帮助他们了解过去的历史，我就开始动手写第一本书《中国注册会计师简史》。这本书很多的资料图片，都是当时查阅资料时照样画下来的。很多资料不能够复印，对一些珍贵的资料，我用照相机照下来，再放大成一个稍大的文件。我取得这些资料非常困难，有些资料现在不可能借到了。我写的第二本书是《中国历代会计著述选》。我本人喜欢历史。现在的人基本上不大读古文，所以对一些文字，就需要加以说明解释，所以我每一篇都有说明，有注解，目的是帮助读者懂得古代是如何认识会计，并把它形成文字的。本来想写第三本书，我收集了一些资料，但只写了一部分，后来我搞写字、画画这些东西，就不想搞会计了。我的儿子说，你既然搞了这个东西，就应坚持把它完成了，所以前年我又坐下来一段时间，完成了第三本书《中国注册会计师法规史》。

当时写这些书，都是我自己花钱印的。我也是经济管理学会的会员，经济管理学会给我写了个序，他们也不花成本，由我自己出，他们只给我写了一个序。我既不打牌也不抽烟、不喝酒，就喜欢搞点这些资料，写写画画。我曾经跟朋友讲，我每天只要一支笔、一张纸，就可以很好地过一天。

我写的第一篇文章就是研究苏辙的，研究苏辙的学识水平和对财务的观

---

① 王应麟（1223—1296年），男，字伯厚，号深宁居士，又号厚斋，宋著名学者。其博学多才，学宗朱熹，涉猎经史百家、天文地理，熟悉掌故制度，长于考证。南宋灭亡以后，他隐居乡里，闭门谢客，著书立说。王应麟的传世书法有《著书帖》等，著有《困学纪闻》《玉海》《通鉴答问》《诗地理考》等。

点。苏辙当过侍郎，专门讲过会计。这篇文章，当时在四川会计学会年会上得了三等奖。

为了使大家了解过去有关注册会计师的规定，我就想写这几本书，目的在于向同行们讲述一下当时的一些历史过程，也帮助他们了解一下当时会计师制度是怎么样的，现在会计师制度是怎么样的。要成为一个有名的注册会计师，要珍惜自己的信誉，不能帮人家造假，不能做假账。目前就这样，才写了这几本书。

原来很多人认为会计工作不被重视，我的观点就不同。会计不是末流，而是一个深受他人尊重的职业。会计工作做好了，才可以把所有的财务财产工作做好。潘序伦先生说过，"财产就像食品，如果加了盐之后，就不容易腐败。会计人员就相当于把食盐加入食品里面的人，会计工作做好了，能防止腐败贪污"。

人无信不立

我这个人是挺努力的一个人。从小家里面殷实使我能够很顺利地念书。我的祖父、父亲都很勤劳。勤奋这个特点，我在很年轻的时候就有。后来我当了干部，被下放到农村，1959 年当了一年农民，跟农民一样挑粪上山，在很困难的情况下，我都可以顶住。回单位工作后，我一生坚持吃苦耐劳。尽管"文化大革命"时受到一些冲击，"四人帮"倒台以后，感觉生活特别好。新社会很重视我们这种知识分子，所以我在 1981 年写了入党申请书，加入了共产党。我加入共产党时已经是 60 岁了，以后做什么都要像共产党员，做什么工作都认认真真，不贪图享受。

就会计工作本身来讲，会计确实是一个很严肃的工作。一个数字、一个时间都需要非常真实。品德要真实，素质要真实，绝不能有丝毫的掺假，这是信用问题。"人无信不立"，这是我在立信会计专科学校学习时受到的有关个人品德的教育，所以后来我做人也是坚持这么一个原则。无论是自己办企业，还是在百货公司工作，还是在商店工作，都本着这么一个理念，对每样事情都确保确确实实在认真办。每一项都必须落实，从来不搞掺假的事情。人的生活就应该是这样，特别是会计工作应该是这样。会计工作确实是经济管理中最重要的工作，从古至今都是如此。所以今后的会计人员，先要学会计道德，然后才是会计技术。如果没有会计道德，会计技术也没有作用。我的认识是这样的。

（整理人：赵健、尹成彦；会计史特约审阅人：张辉、宋小明。）

余盛钧会计口述历史相关文章和专题片

席玉聚：一个老会计的编年史

席玉聚，男，1923年11月生，河南汝州市人，毕业于河南大学经济系，中华人民共和国成立前在救济总署河南分署工作，中华人民共和国成立初期在开封市人民政府工作。1949年11月，席玉聚南下广西，先后在广西人民革命大学、广西财政厅、广西财经学校工作。

会计口述历史

席玉聚

2015.8.6

口述情况

口述记录时间：2015 年 8 月 5 日、8 月 6 日

地点：广西南宁市广西财经学院教工宿舍席玉聚家中

项目负责人：曹巧波

现场工作人员：——现场访谈/曹巧波

       ——联络和摄影/尹成彦

       ——摄像/李九泽

  广西财政厅会计处处长陈海涛全程陪同了口述记录。

  2015 年 8 月至 2017 年 9 月，曹巧波、康振宇和席鸿建分别审核了口述速记稿。

席玉聚在口述

漂泊求学路

我今年92岁了，是一个老会计了。我对自己一生的评价是"少有宏图志，老来无所谓"，我的一切都是因为赶上了这个好时代。

我没有什么背景，出身很普通，我的家族大概是清朝初年由山西移民到河南的，之后历代都是在城市里面做生意。我的曾祖父依靠皮革和钱庄两门生意，曾经一路打拼，成为整个汝州商业领袖。我祖父小时候整个家族住在一个按秀才（身份）规格修的大院，院门上方挂着"孝廉方正"的匾额，祖父出门都有马车、轿子代步，但后来由于后曾祖母（曾祖父的第二任妻子）所生的3个儿子沾染上鸦片烟和嫖赌等，挥霍了绝大多数家产，东西基本上都被卖光了。我的祖父分到了近30亩土地，他将土地出租给别人种，粮食和种地的农民对半分。这一半的粮食，丰年够吃，歉年就不够吃。

1943年，河南大学到我们县（临汝县，即现在的汝州市）招生，我听从母亲的意见报考了经济系。因为当时经济系就业比较容易，很多地方都需要会计。

考大学的过程很顺利，因为我读的高中是安阳高中，教学质量很好，是当时河南最好的。我考的名次很靠前，由于入学考试成绩比较好，所以第一个学期我就享受奖学金，等到第二学期开学的时候，家乡沦陷，又直接享受公费教育了。我的大学阶段基本上是国家供我读的。

在抗战的那一段时间里，河南大学也是几经变迁。1937年全面抗战爆发后，河南大学就开始搬迁。先是搬到鸡公山，后来又搬到镇平；1939年5月，搬到伏牛山边缘的嵩县；1944年，搬到了现在丹江口的荆紫关镇；之后日寇又发动攻势，1944年秋又搬到了陕西；直到1945年抗日战争胜利，河南大学才又搬回开封。

搬回开封的时候，我已经读到大学三年级了。在这样的搬迁过程中，有些学生无法求学，就回去了，有些教师也由于各种原因离校。所以，我就读的时候，河南大学的师资力量并不是最强的。

河南大学在历史上还是很有名的，它的校址是原来清朝的贡院。科举制度被废除以后，1912年，以林伯襄先生为代表的一批河南教育家，在袁世凯的协助下和河南都督张镇芳的支持下，创办了河南留学欧美预备学校，大量选拔留学生到美国、英国学习。在河南大学建校之初，当时的中央政府也投资了很多，像我们大礼堂那样的建筑，据说当时全国只有两个：一个在武汉大学，另一个在河南大学。

当时一般都要求主讲课程的教授必须是留学回来，必须是在国外拿到学位的人。所以，在河南大学搬迁的过程中，主要的几门课程还是可以的，但是其他课程因为缺乏教师就开不起来了。现在回想起来，我自己4年的大学，实际上认真学习的时间大概也就是两年半，其他的一年半时间都是在搬迁途中。

我记得当时大学主要开设的课程包括经济学、财政学、会计学、审计学、高级统计学、高等数学、经济史、外国语等。在所有的课程中，我最重视的课程就是会计学。除了这些主要的课程，学校为了提高学生思想、认识的水平，还请了3个世界知名的学者来讲学。

一个是冯友兰①，他在哲学界算是第一名了。他也是河南人，给我们讲了大概差不多两个礼拜。其间他主要是结合自己的哲学观点宣扬中国国学。

另一个就是姚雪垠②。姚雪垠是河南籍作家，在当时也是很有名的。

还有一个就是李约翰③，他也是一位世界知名的学者。他研究中国的文化，主要是技术史。他给我们讲了差不多3个星期，主要介绍中国技术尤其是四大发明对西方的影响。

我们当时的系主任叫王牧罕①。因为他是系主任，公务比较繁忙，一般的理论课就由他的助教来上，他只是大体上讲一讲，给我们布置作业、批改作业都是助教的事情。那时候的大学，不管你上课不上课，从来不点名，但是王牧罕主任特别交代助教每一堂课都要点名。我这个人胆小，所以一次都没有缺席过，写作业也很认真，因此几次考试成绩都很好。

等到抗战胜利之后，河南大学搬回开封时，学校对于我们这些跟随学校搬到大后方又回来的学生特别照顾，给我们的待遇很好，吃饭钱、零用钱都是学校发的，跟我们中华人民共和国成立以后的读书助学金制度一样。就这样，4年后，我大学毕业了。由于战乱中历经多次迁移，我的4年大学生涯大部分时间在动荡中度过，真正静心学习的时间只有两年半，毕业时学校甚至没有要求完成论文，从学术上来讲我的大学学习是先天不足的。

入职救济分署

1947年，我毕业的时候河南大片土地都已经解放了，但是开封还处在南

---

① 冯友兰（1895—1990年），男，字芝生，中国当代著名哲学家、教育家。

② 姚雪垠（1910—1999年），男，中国现代小说家，曾任中国作家协会名誉副主席、湖北省文联主席，第六届、第七届全国政协委员。

③ 李约翰是美国传教士李佳白的儿子，在中国长大，一生在中国待过23年。李约翰于20世纪30年代在美国加利福尼亚大学任教期间，广泛收集英、美、德、法等国的外交档案、著作和回忆录等资料，写成《清帝逊位与列强（1908—1912）》一书，重新叙述了1908—1912年这段极为复杂的历史时期。

④ 王牧罕（1903—1970年），男，又名王国忠，河南罗山县人，美国哥伦比亚大学硕士，曾任河南大学经济系主任、中南财经学院会计系主任。

京国民政府统治之下，开封城里治安混乱，找工作很难。恰巧当时救济分署①的署长和我们系主任王牧罕是留美的同学，两人又是河南的同乡，当时正逢救济总署要结账，所以救济分署的署长请他介绍几个懂会计的学生去帮救济分署做事。王主任把我们 25 个人介绍到了救济分署。可能是我的会计课成绩比较好一些，所以救济分署第一个联系的是我，我就带着十几个同学去参加应试，最后录取了 6 个，我名列其中，被分配在会计室。

在那里，我开始了自己的职业生涯。

当时行政院联系联合国救济总署，挂了个"救济总署"的牌子。会计核算分为 3 个股——一个叫岁计股，是编预算的；另一个叫审计股，是做内审的；还有一个就是会计股。当时 3 个股的分工是这样的：原始凭证到会计室以后，先由审计股的人审，验证了会计凭证的真实性以后，再由审计股编写记账凭证。会计股的工作实际上就是登账，将各账目登记以后，各个账目相互衔接、平衡就结账。我去会计室后，经过一个月的实习，先后熟悉了岁计股、审计股、会计股的工作流程，最后被分配到分管费用明细账的工作岗位上。审计股的工作流程值得我们学习。审计股在原始凭证那里就开始发挥审计作用了，审计股审查原始凭证合法性、真实性以后，出具记账凭证。会计股需要负责的就是把账目登记清楚，最后结账。救济分署的整个制度很简单，就是政府会计，没有什么成本、销售，就是经费支出，再一个就是分支机构的报销、记账和往来账。

救济分署的会计是政府会计，但是因为会计室主任是在美国留过学的，所以对西方会计也十分熟悉，他设计的工作流程都比较科学，对员工要求也很严格。如果谁登账的时候如果字写得乱七八糟，出了差错，那他一点面子都不会给，会直接批评当事人。当时，和我同时去救济分署工作的人里，有两个复旦大学的毕业生，一个没有学过会计，另外一个则是经济系毕业的，学过会计。但当月末主任检查工作时，发现那个学过会计的把非常简单的借贷方向都记反了，反倒是那个没有学过会计的毕业生没有出错。主任大发雷霆，把账本摔到

---

① 行政院善后救济总署河南分署。

地上，怒骂道："你没有头脑吗？什么大学毕业的？吃的什么干饭啊？"把那个出错的人骂得垂着头懵听，一言不发。

从那时候起，我心里就有了这样的念头：学校一定要注意对学生实践能力的培养。作为学校，你要么就不培养，如要培养的话，最起码得让学生的实际操作能力过关。所以，我后来在教学过程中非常注意，这也是后来（广西）财经学校培养学生比较成功的一点原因吧。

当时政府会计工作中账的结构很简单，但是由于开支大，所以工作量也比较大。我差不多一个礼拜至少要登记一个年度（工作量）的费用明细账。

河南当时最大的问题就是，黄河花园口大堤被炸，河水向东南方向推进，经过河南的 13 个县，把一大部分土地都沙化了。那个地方（的人民）非常可怜，土地都没有了，损失惨重，经济被破坏得很厉害。抗日战争胜利后，国民党重点扶持黄泛区。黄泛区有很多机耕队，还有一个机器打井队，叫凿井队，因为凿井队那里没有会计，上面又派我去兼凿井队的主办会计。这样我就上午在救济分署登账，下午到凿井队处理账目，晚上再回到救济分署会计室处理工作，经常晚上加班到 11 点。当时也年轻力壮，吃点宵夜一晚上就熬过去了，这样的日子持续了一年。

我们当时的工资很高，跟一般的刚到政府上班的毕业生比，我们的基本工资是他们的三四倍，补贴也很多，加班费更高，几乎比基本工资和补贴的总和还要高。那时候我父母在开封，我妹妹还在读书，一家人没有什么其他的经济来源，就靠着我的工资过生活。我一个人的工资基本上可以养活一家子人。

干了一年后，救济分署就搬到上海去了。救济分署搬走后，黄泛区又成立了一个黄泛区复兴局①。当时的黄泛区复兴局机耕队长是河南大学农学院毕业的，是我的校友，虽然在校时不认识，但是在救济分署的时候他每个月都会去报账，我们就认识了。当时的黄泛区复兴局是暂时叫他负责的，他请我留在复兴局里继续当会计。不过，我还没有去工作，开封就解放了。

---

① 1947 年 11 月 25 日，联合国第三届代表大会决定撤销善后救济总署这一机构，撤回派往各国的工作人员，并把全部的物资留给当地。当时南京国民政府成立了行政院黄泛区复兴局接管原救济总署的全部工作。

一路向南到广西

开封解放以后，市面上很安定。有一天，我去市面上到处看看，看到有布告说新政府在吸收知识分子，当时我就有点动心。这时，后面有个人拍了一下我的肩头，我转身一看，是一位八路军，腿上打着绑腿，身上穿着灰军装。等我再仔细一看，这不是当时救济分署农垦队的队长吗？就是我前面说的机耕队长。后来我才知道，实际上他一直是中共地下党员，中华人民共和国成立后才敢公开自己的身份。他热情地给我讲形势，动员我参加工作。他说，给你3天时间回去考虑一下，3天以后你再来军管会找我。

3天以后，我就去军管会找他，他非常爽快地给我开了介绍信，让我到开封市人民政府报到。到开封市人民政府以后，我被分配到建设科。由于当时也没有什么工程可搞，所以科里就我、另一个科员和科长3个人。在建设科做了一个星期之后，科长就问我过去干过什么工作。我说干过会计，他说那你到市人民政府办公室看看吧，找那里的老会计，帮他算账好了。

我到市人民政府办公室之后，有一个八路军的老会计接待了我。他人很好，和我谈了一会儿后，他说："现在我这里也不需要一个人长时间地帮我，你就每个月发工资之前的两三天过来帮我记一下数目之类的就行了。你平时还回你的建设科去，可以在那里学习嘛！"

于是，后来我就每到快发工资的时候，去办公室帮忙，平时就在建设科上班。当时各种讨论工作进展、接收问题的会比较多，平时科长就派我去参加一下这样的会议。

现在如果回想一下当时的开封市人民政府的会计制度的话，应该说是没有完整的会计制度的，只有一个简单的开支制度。比如，按当时的工资补贴制度，供给制的员工一个月是4块多钱，而那些在南京国民政府时期有登记过的留守人员的工资是每个月300斤米，每个月按发工资前两天的牌价，给折成钱发放。我当时还问过市人民政府办公室的那个老会计，我说解放区用的记账方法是不是借贷记账法？老会计说："我不懂什么叫借贷记账法，我们也没有用过借贷记账法，我们就是'上收下支'，中国的调账法。"

后来，我们那里又来了一个苏北根据地的会计同志，跟我们年龄差不多。他跟我说，当时解放战争中的会计实际是两个包袱：一个装钱票、米票；一个装两本账——上收下支的流水账和分户的借款还款账。他说战争年代真要打起来了，两个包袱一包好，背上就可以跑。

后来我与两个情况一样的河南大学同学报名到中原大学学习，参加一个以改造旧知识分子为主的思想改造班，3个月一期。当时我被编到37队，一共有一百二三十个知识分子。这些人里面，大学毕业的就两个人，一个是我，还有一个是兰州大学的毕业生。1949年5月初大军就突破了长江，战事发展得非常迅速，一转眼武汉就解放了。武汉解放以后，新解放区需要更多的干部，所以中原大学就根据中南局领导的指示搬到了武汉。

学习3个月之后，就宣布分配了。我跟那个兰州大学的毕业生被分配留校，在教研室工作，学校专门培养我们做老师。

当时的教研室实际上还没有组建起来，等学校搬到武昌以后，才把教研室成立起来。我们留校的这些人也分了组，分成哲学组和新民主主义政策组两个组。我参加的是新民主主义政策组，以研究新民主主义理论为主，主要是读原著，包括马克思、恩格斯、列宁等的原著。

10月1日以后，战事在南方发展得非常快，湖南基本上已经和平解放了，接下来面临的就是进军"两广"，组织上需要更多的干部。当时的组织效率非常高，也非常严密，在广西没有解放之前，在中南局里就已经把广西的省委甚至政府的主要负责人、部门确定了。我们中原大学的任务是召集五六十个人到广西组建广西人民革命大学。

学校就号召青年教师、青年职工报名南下。当时我觉得参加革命非常受鼓舞，感觉天天坐在教室里读书不像革命的样子，于是我就积极报名南下广西。

1949年12月底，我和我的同事到了桂林，接收了李宗仁的夫人郭德洁创办的德智中学，在它的基础上成立了广西人民革命大学。

当时我本来应该到教研室做老师，但是由于找不到合适的人记账，于是学校又把我从教研室抽调出来担任会计股长兼总务科副科长，并且从广西大学的银行会计系里招了两个人作为我的助手——一个负责出凭证记总账，一个负责出纳工作。我在这个岗位上主要还是做总务科的工作，审核记账凭证、年终报表什么的。总务科有膳食股、总务股，事情比较多。

1950 年夏季以后，广西人民革命大学准备像中国人民大学、原中原大学那样向专业化的方向发展，筹备专业学院。于是我和几个同志被抽调出来，由教务处长领队，准备去中国人民大学取经，学习专业学院的机构设置、人才配备、教学内容等。

到了北方之后，发现人大（中国人民大学）正在放假，于是我们就去了河南大学取经。取经之后回到广西，五六月份，组织上准备把这个革命大学迁到南宁。当时，在南宁有一个西江学院，是由一个留学人员创办的。经过政府批准，我们准备把西江学院和广西人民革命大学合并。

1950 年暑期，广西人民革命大学从桂林搬到了南宁，教学内容也开始从政治思想教育向专业教育转变。当时我们主要是学习中国人民大学，招专业队，包括贸易大队、政法大队等。我们同时还相应地成立了 3 个高级专修科：第一个是财经专修科，第二个是农田水利专修科，第三个是教育专修科。成立专修科以后，组织上就把我调到财经专修科做副主任。那时候没有正主任，我又不是党员，组织上就给我们配了政治辅导员、助教等，然后就开始招生了。具体的招生工作是由之前被我们合并的那所西江学院来做的。

从 1950 年开始，到 1953 年广西人民革命大学解散，我们一共招了 3 届高级会计班。

在广西财政厅

1953 年广西人民革命大学解散以后，原来广西人民革命大学的教职工绝大多数都分到其他的大专院校了。我们的校务长被调到财政厅做副厅长，就把我还有另外一个老会计带到了财政厅。到财政厅以后，我被分配到了经建科做工业企业财务组副组长。当时我们这个组的人员组成可分为三类：一类是从南京国民政府财政厅接收过来的，有三四个人；另外一类是中华人民共和国成立后参加工作的青年人，主要是打下手的；还有一类（一位）就是华北大学南下的，他是我们的组长。

进入经建科以后，有一次我去检查他们的业务，发现我们组的人员的业务非常不熟练。虽然阅览室里面放置了财政部发的经济建设手册，但我们组的人员根本没有注意。当时我就想，连财政厅的工作人员业务都不熟练，更别说下面各级财政系统的工作人员了。

那一年的10月份，好几个省的财政厅选派人员去中南财政管理局开企业财务会议。会议的主题，一是交流经验，二是布置财务收支计划编制工作。这个财务收支计划完全是照搬苏联模式设计出来的。整套理论相当科学，是完全按照计划经济的要求衍生出来的财务管理体系。比如说会计核算，从原理一直到专业会计，它都设计得很严谨、简要。在管理会计里面，也根据计划经济的要求，设计出一套类似于西方财务预算的东西，叫财务收支计划。

在中南财政管理局开完会后，副厅长就问几个一起开会的同事："你们看以咱们现有的财政干部和企业干部，能编得了这个财务收支计划吗？"我们都说，恐怕非常困难。所以，参会人员回到广西之后，财政厅决定在下达任务以前，先召集各县的企财组长开一个企业财务会议，主要就是给他们讲解财务收支计划的编制问题。

当时广西的厂矿还是很多的，来参加会议的有来自电力业、制糖业、机电业、化工业的企业财务人员将近100人，这些人素质是不同的。有十几家规模比较大的厂矿的财务人员业务还是比较熟练的。因为当时广西大学有一个银行会计系，它那里培养了很多财务专业人员，许多毕业生直接就进企业工作了。

但是除了这十几家大企业，其他许多小企业的财务人员基础就很薄弱了。据我在会议期间的了解，里面很多人根本就没有学过会计，在企业里还是用收支调账，上收下支，对成本、利润等根本没有概念。

所以，虽然我们也尽力培训了，但是由于很多人员基础实在是太薄弱，编制财务收支计划这项工作还是很难推动。下面企业报上来的财务收支计划只有十几份。也就是说，这项工作推行得根本不成功。于是，我们就给中南财政管理局打电话，说明了一下情况，说因为财会人员水平有限，所以这个工作恐怕搞不起来了。中南财政管理局说那就算了。这项工作也就不了了之了。

1954 年年初，财政部颁发了统一工业会计制度①。那时我们主要的工作内容就是向下传达这个制度。当时在下发这个制度的时候，我还特意在后面做了一些注释。比如，什么是固定资产折旧、如何运用账户以及计算成本等。

那个会计制度下发一段时间之后，我们财政厅也不知道下面实行的情况究竟怎么样，所以厅长就决定派我带 3 个年轻人成立一个工作组，到各地去了解一下情况。

当时，我们先去了梧州地区，因为当时梧州地区工业比较集中。后来，我们又到玉林地区检查了三四个县。

最后得出的结论就是，一些规模比较大的工厂，已经按照新制度，基本上把账改了，但科目的运用，还是有一些错误。一些小厂矿根本就没有实行。

当时我就问下面一个小厂矿的财务负责人："你怎么不按照新制度建账？"

他说："我不懂啊。"

我说："没有学过会计吗？"

他说："没学过，就是上面抽调我来这里当会计的。"

像他这样的情况不少，很多小厂的财务人员就两个人，一个会计，一个出纳。有的只有一个会计，出纳还是厂长兼的。

了解完这些情况后，我就写了一份书面报告。我在报告里面就提了一个建议，我说看来要培训财务人员，人员问题不解决，这个制度根本无法贯彻。

另外，我还跟财政厅建议，向财政部反映一下，搞一个简易的会计制度。因为在一家小企业里，实行这个制度，是搞不了的。

报告打上去之时，我们就已经做好准备了——如果财政部不搞，我们就自己搞一个简易的会计制度。后来，财政部很快就接纳了这个意见，搞了一个简易工业会计制度②，便于县级厂矿使用。

这版简易工业会计制度发下去之后，本以为情况应该有所改观，但是等检查的时候，我们发现还是有些不理想。所以，我们就认为，不通过培训，这些

---

① 实际上是 1953 年的《国营工业企业统一会计科目及会计报表格式》。
② 1954 年的《国营工业企业统一简易会计科目及会计报表格式》。

财务人员业务水平是没法提高的。而没有这些基层的财务人员打基础，想统一会计制度根本就是空话。

后来，财政厅也接纳了我们的建议，开始对基层财务人员进行培训。第一期先由预算科主办，从每个县抽调两个人过来学习，然后再由这两个人回去培训其他财务人员。接下来，工业厅和行政干校也举办了几期类似的培训班。这样办了几年之后，1956 年，我们再去基层了解情况的时候，形势就已经有很大的改观了。不管是大厂矿还是小厂矿，都按统一制度建立了会计科目，进行会计核算。

当然，那时还是存在一些问题的，比如有一些企业的财务核算还不是完全标准，有相当一部分企业不会核算单位成本等。

这时候，全国开始搞"大跃进"了，整个会计制度都遭到了破坏。

在广西财经学校

1961 年冬，中央开始纠正农村工作中"左"的错误。1962 年财政部召开了第一次全国会计工作会议①。在第一次全国会计工作会议上，主要讨论了恢复会计制度的问题，会议也让大家"出出气"。我当时跟我们处长和工业厅的一位副处长一起去参会了。一些老会计说核算制度如何遭到破坏，有些老会计科长四五十岁了，说着都哭起来了。

参加完全国会计工作会议以后，我们回到广西后的主要任务就是恢复会计制度，就是恢复到"大跃进"以前的规章制度。

1962 年 5 月，财政部又在成都召开了会计工作会议②。在这次会议上，以经验交流为主，大家大致介绍了一下制度恢复的情况，还提议让一些先进单位在会上宣传经验。

这两次会计工作会议，对于我国会计制度的恢复，起到了非常大的作用。

---

① 1962 年 5 月 10 日，财政部和中国人民银行联合召开全国会计工作会议，这是中华人民共和国成立以来部（委）级层面第一次研究会计工作的会议。

② 有关这次会议的消息未见任何刊物登载。

到 1963 年的时候，我们再到基层去检查，多数企业的会计制度基本都恢复了。

但是由于"大跃进"期间，好多会计人员都被调离了工作岗位，并且"一切以公社为主"把财产的管理完全打乱了，对于会计制度的破坏是长期性的。

"大跃进"之后，会计制度遭受了很大的损失，要想快速恢复起来怎么办呢？当时形成的统一认识就是先从人才培训抓起。

1963 年，广西财政厅决定成立财经学校。成立财经学校就需要师资力量，于是财政厅就要求各单位踊跃贡献人才。我们单位一共抽调了 3 位同志去组建财经学校，除了我之外，还有一个基建投资科的同事、一个预算科的同事。

当时我们利用现有的一个工业干训班的校址和教学设备，于 1963 年招收了第一届学生。

第一届一共招了 5 个班，3 个工业财务会计班，1 个基建投资会计班，1 个预算会计班，一个班 50 人左右。

招生之后，就需要考虑财经学校的定位问题了。当时我们的一位老干部原来是抗日战争时期的农村教师。他懂教育，他在来之前就跟厅里说，我们要办就办专科学校，要向财政部和教育部打报告，要求成立财政专科学校。但是等报告打到教育部之后，教育部可能是考虑到师资力量还不够雄厚，没有批准我们成立财政专科学校，而是批准我们成立中专学校，主要招收高考落榜生。

我记得当时教育部一共在全国批准设立了 7 家中专财经学校，但这些学校叫法上有所不同，有些叫财经学校，有些叫财政学校，还有一些叫财税学校。

学校定位问题解决以后，又出现了一个新问题，就是使用哪种教材的问题。当时财政部给我分配来一批扬州财政学校的教材，但是我一翻，发现太简单了，知识量太少。那些教材用来给初中生授课还可以，但是对于我们招收进来的这些高中生来说，那些教材是"吃不饱"的。

于是我又把这个问题向财政厅反映了一下。厅里说，那你有没有什么建议？我说，我们就用大专的教材、用大学教材。

当时我们的会计教员里有留美回来的，也有在 1949 年之前从事过会计工作的，还有大学毕业后分配来的。我从他们中间选了一个老师，跟我去北京取经。我们先到了中央财金学院①（央财），向人家学习怎么设计教学课程、配备什么教材等。中央财金学院专门给我们推荐了阎金锷②编写的工业会计核算教材，说那是按苏联会计核算内容编写的，比较标准。为了更加深入地了解会计教学，我又找到阎金锷本人，当面问他教材内容怎么写，每章的重点是什么。经过和他的接触，我感觉受益良多。那两年，每年的寒暑假我都跑到北京，去人大、财政部、央财等学习会计教学的知识。

1964年年初，我负责教务方面的管理工作，包括整个教学课程的设置、教学管理、教师管理等。刚开始的时候，包括行政人员，全校不到100人，也就六七十人。学制是两年，学生毕业以后统一分配工作。当时我们学校的毕业生很抢手。

刚开始建校的时候，会计班是由我来上课。我主讲会计原理、工业会计两门课。后来又开设了企业财务课、经济分析课。然而老师不够，我就一次次顶上去讲课。哪里缺人了，我就顶上去。第一年的会计三班没有班主任，我去兼；等三班的班主任到岗以后，二班的班主任又调整了，于是我又跑到二班去兼班主任。总之，我当时就想全心全意地把这个学校办好。

当时的学生很用功，我们老师管理得也很严，尤其是我们的校长。当时的校长是一位抗日战争时期的农村教师，叫郭绍秀。他管理中专生都是按照小学生来管理的。他自己的言行也非常好，给学生们起到了表率作用。他每一个星期都把学生集中起来训话，经常结合他自己的国学底蕴给学生们讲述一些道理。

至于我自己的教学理念，我感觉教学理念谈不上，因为我不是正规师范大学毕业出来的。但是我有一个非常重要的教育观点，就是培养学生要着重素质培养，包括思想素质教育和专业素质教育。当时学生的思想素质教育由老干部抓，我只是配合他们。

而之所以注重专业素质教育，是因为当年救济分署会计室主任摔账本的情

---

① 当时的名称应该是"中央财政金融干部学校"，成立于1958年12月。

② 阎金锷（1927—2000年），男，天津人，我国著名会计学家、审计学家。他曾担任中国人民大学会计学教授、博士生导师，中国会计学会顾问，中国审计学会副会长。

2013年席玉聚老师参加广西财政高等专科学校1963级基建631班同学会纪念时拍的照片

形给我印象很深。

其实后来我也经历过类似的一件事情。当时我还在企财处做副组长，有一年组里来了一位中南财大的毕业生。他是学工业会计管理的，人很老实，也很守规矩。但是后来叫他审报表的时候，我发现他根本不会审。不会审你说嘛，他不，最后他就乱填。后来我就去批评他。我说："你们在学校学习的时候，就没有学会计报表、结构、分析、审批？"

他说："没有。"

我说："你懂不懂？"

他说："哎呀，我这个还不懂啊？我是大学本科毕业。"

后来我就感觉到，出现这种状况是我们的学校教育出了问题。

所以在我执教的时间里，我就特别注意学生的专业素质教育。我就想，一定要想办法培养出受欢迎、管用的学生。

当时我采取的是什么办法呢？一个是在课堂教学方面，我就交代老师们，讲课的时候尽量由浅入深，尽量让自己传授的知识通俗易懂，让学生掌握真实工作中的方法。

还有一个就是，每一年都要把学生"下放"到企业去，让他们在企业里从事半个月或者一个月的实务操作。这种实习的效果非常好。

第二学年等我下去视察学生实习情况，看看厂里对我们的学生有什么评价的时候，我就发现厂里的人非常热情。厂领导一看见我去了，就非常热情地打招呼，然后把我拉到办公室，握着我的手和我说，你的学生一定要给我全部留下，咱们先订个合同吧。

我说，我没有办法跟你订合同，我就是来看看他们实习的效果怎么样。

厂领导说，管用！真的管用！从原始凭证，到记账凭证，从整账，到结账，再到编表，这一套程序学生都非常熟练。

后来在我和会计科长们聊天的时候，会计科长们也都说，学生选的科目都非常正确，有些成本核算不规范的地方，会计科长也帮忙纠正了。

由于有过实习经历，所以第一届的学生分配出去以后，非常受单位的欢迎。除了财务会计班，我们还有一个预算会计班和一个基建投资会计班。这两个班的学生我也统一要求他们去实习。

第一届学生毕业的时候，财政部还和我们联系，要我给他们安排 11 个毕业生，其中有学预算会计的 2 个，学基建投资会计的 2 个，还有 7 个是学财务会计的。我们从愿意出省的毕业生中选出最好的输送到财政部。财政部把学预算会计的 2 个学生分到部队，把学基建投资会计的学生分到建材部，把学财务会计的学生财政部里大概要了几个，其他的被分到甘肃三线工程。

同学们表现都好，不但业务能力强，还懂行、会干，而且在那里遵守纪律，严格要求自己，非常好。后来财政部对我们的广西财经学校一直印象比较好，特别是经建财务司。

"文化大革命"期间，学校经历了合校、分校、教学工作全面停顿，而后开办短训班，1973 年财经中专（应是指广西财经学院前身）又恢复招生。粉碎"四人帮"以后，我又回来主持教学工作。当时"文化大革命"刚结束，学校很多东西都要恢复、整顿。

这一年我没有上课，我想利用这个时间写一本财务与分析的教材，把财务管理课和财务分析课结合到一起。当时我的想法是这样的，财务管理和财务分析这两个课程有不少重复的地方。比如一些名词解释、基本理解等，这些重复的内容其实是多余的，占用了不少教学时间。有了这个想法以后，我就下到各市去考察，希望能把这两门课合成一门，名字就改成财务与分析。

后来我就把这些材料报到我们广西壮族自治区革委会下面的教育处。教育处看完以后，就说，这个想法好啊，但是我们不懂这些东西，你直接寄给财政部吧！于是我就把教材初稿寄给了财政部。

1979 年，财政部在烟台召开了科学大会①。会议的主要议题就是科学研究和编写教材问题。当时就选了几门课，分别成立了编写组。财政部先确定了编写哪几门教材，然后通知各个学校回复能参加哪几门教材的编写，以及都有哪些老师来参加编写这门教材。各学校都申报完之后，那时我也算是老教师了，财政部领导就指定我当编写组的副组长，上海立信会计学校的副校长做组长。

后来财政部还专门开了一个教材编写大会，把参加教材编写的人员定下来，然后大家分工，回去再分头编写。

当时财政部对编写教材这件事要求很严，实际上从 1979 年至 1981 年，我很大一部分精力都放在编写教材上了。当时给我们两个正副组长定的任务就是初步定稿，然后把初稿报送到财政部，再由经建财务司、教育司来审定最后的终稿。

那时候老师们的工作效率也很高，1980 年春节以后，他们就把草稿给寄来了。我们当时先编了《会计原理》，又编了《专业会计核算》。

1981 年，我主要就是跑财政部，给财政部送稿件。当然部里对这件事也很重视。当时的财政部部长是王丙乾，他亲自接见了我们，给我们讲了教材编写的重要性。编完一轮中专教材之后，我们又编写了一轮大专教材。

当时编写实际就是"改造"，而不是创造。老教师们都根据自己多年的教学经历，陆陆续续写了一些感想，比如说自己上课觉得哪里是多余的，哪里又是不足的，然后再整理思路，讨论教材该怎么编排，实际上就是对原来教材的

---

① 1979 年 3 月 20 日至 4 月 2 日，财政部在烟台召开全国财政教材、科研座谈会。

改造和优化。

1982年，教师恢复职称，各大学就开展教授、副教授的评审。当时教育部的意思是中专院校教师可以评副教授、讲师、教员这三个级别。

当时评副教授的条件要求很高，所以很多人不敢报。我倒是觉得，在学校也待这么久了，就应该试试，于是我就报了。当时和我一起报的还有商业学校的一个老教师王镜之。后来，在教育厅审核之后，我们两个都幸运地通过了。

评上副教授以后，除了待遇提高了，还有就是工作也开始繁忙了。当时在广西，真正会计类的副教授只有我和王镜之。所以各地市、各主管业务部门成立的中级职称评委会、各厅局成立的中级职称评委会都来找我和王镜之参加。

1984年，学校的领导班子出了一些问题，财政厅来调查后考虑调整原来的领导班子。当时财政厅的厅长刘鸣山①来找我，叫我来做学校的负责人，我在那一年担任了学校的副校长。

我从20世纪80年代初期，一直到退休，主要是忙这两个主要工作——教材编写和职称评审，也算是为广西的会计人才培养做了一些贡献。

期望：修身齐家治国平天下

说到对青年学生的期望，我感觉这十几年的教育发展的确很快，但也出现了一些问题。

应该说，现在的高中阶段是人一生最艰苦的阶段。不管是哪里的中学，学生都是夜以继日地学习，我自己的后辈有时候发高烧了也不回家。但现在的高中生一到大学，就开始松懈了，很多学生没有把心思放到学习上。

我记得我们在读大学的时候，当时教授讲课非常简单。要想学习更多的内容，只能按照老师给你指定的参考书目，自己去图书馆阅读。所以，那时候我们都是抢着去图书馆。但是现在的图书馆看书的地方非常舒服了，可学生们却

---

① 刘鸣山（1928年— ），男，辽宁北票人，1949年3月参加革命工作，1953年7月加入中国共产党。他曾任广西壮族自治区财政厅副厅长、党组书记，广西信托投资公司总经理，是正厅级离休干部。

都不去了。我往图书馆里面一看，都是空荡荡的。

我曾经跟我们的图书馆馆长说，你们也做做宣传工作嘛，选一些学生喜欢看的书，拿内容吸引他们。但后来即使是图书馆把这些图书简介印发到班上去，也没有学生去看。

再一个就是现在的功利主义思想太严重了。现在的学生大多以找一个好工作，能够当官，能发财，作为自己的人生追求。而讲回报社会、为人民服务的少了。所以我提建议，一个学校一定要抓教学，要抓政治思想工作，我还是坚持我的理解，要办大学，必须要从教育质量抓起，提高教学水平，你培养的学生就是你的产品，你的产品最重要的就是必须是一件合格的产品，只有这样用人单位才会抢着要。

修身齐家治国平天下。修身就是要培养品质，所以我们这个财经学院（成立早期叫财经学校）成立的时候，定了一个校训叫"诚以修身，信以立业"，当时定校训的时候也征求了我的意见，我很赞成。

（整理人：吴周筠、尹成彦、赵健；会计史特约审阅人：张辉、宋小明。）

席玉聚会计口述历史相关文章和专题片

常勋：半世图圄　一生跋涉

　　常勋（1924—2017 年），男，汉族，江苏宜兴人，著名会计学家、教育家、中华人民共和国注册会计师行业拓荒者。常勋毕业于圣约翰大学，1953 年调入厦门大学经济系。常勋参与创办了厦门大学会计师事务所、厦门华夏职业学院。2017 年 1 月 8 日常勋在福建厦门逝世，享年 93 岁。

会计口述历史

常勋

2013年5月20日

口述情况

时间：2013 年 5 月 20 日上午

地点：福建省厦门市思明区珍珠湾花园常勋家中

项目负责人：尹成彦

现场工作人员：——现场访谈/尹成彦

——摄影、摄像/曹巧波

时任致同会计师事务所合伙人管理委员会首任主席陈箭深全程陪同。

2013 年 6 月至 2013 年 7 月，曹巧波、王宁先后对口述文字进行了整理和审核。2013 年 8 月，口述记录经过常勋长子常煊审阅、修订。

常老在口述中，回忆往昔时多次落泪。特别是回忆到自己多年后才知道自己的老师自杀的时候，颇为感伤。

常勋在口述

求学圣约翰大学

圣约翰大学是所教会学校。日本占领上海期间，很多人怀着一种爱国主义的思想，不愿意读伪大学。当时的交通大学等都是汪精卫政府的"国立"大学，所以那时圣约翰大学，好像还有法国的震旦大学等几所教会大学申请入学的人数增加了很多。我是在那样一个背景下去报考圣约翰大学的。

圣约翰大学当时的经济系主任叫赵绍鼎①，他是有名的会计专家。受其影响，我就进圣约翰大学学会计了。后来我同赵绍鼎的师生感情非常深，所以毕业之后就留校担任助教，担任讲课的教员了。

我的英语功底是在圣约翰大学时培养出来的，当时教材全部是英文的，老

---

① 赵绍鼎（1897—1970年），男，研究方向为经济学。1922年毕业于圣约翰大学经济系，1925年获美国芝加哥大学硕士学位。赵绍鼎曾任圣约翰大学、山东财经学院、上海财政经济学院、上海社会科学院等多所学校教授。

师讲课也是用英语。

太平洋事件（珍珠港事件）爆发后日本军队就进上海租界了，我当时回到家乡常州①。常州的地位很特殊，常州的下面有个宜兴县，宜兴有三分之二沦陷，另外三分之一是没有沦陷的游击区。我到的那个地方叫作张渚，张渚是当时没有沦陷的地区，在那里，我就从事了抗日活动，所以我进进出出也像家常便饭一样，无人区我也来来往往过很多次。

其实无人区也没有什么可怕，日本人会出来扫荡，那么就有这样十多里路的无人区，扫荡规律我们也摸清楚了，就跟着日本人的屁股后面走，日本人在前面扫荡，我们就跟在他们的屁股后面走，那是很安全的。因为他们不会出来两队，如果出来两队，被他们给"包了饺子"，包在中间那就麻烦了，他们一般都是出来一趟，所以也就没有事情。当时那里也是新四军的活动地区，我们同新四军也有不定期的来往。新四军在那里出没，对老百姓也很爱护的，我们也有碰头，碰头后彼此知道了也就让我们走了。

我也给新四军送情报。当然所谓情报也就是国统区的一些情况，主要通过两位地下党传递过去。其中一个叫郭思勉，后来还成为圣约翰大学地下党的负责人；还有一个地位更高，真名叫陶家静(音)，现在改名叫胡因(音)，在中央统战部工作。

因为抗日，我进过日本人的监狱。②

从山东到厦门大学教学

后来上海解放了，当时人民政府办了一个华东军政大学。赵绍鼎同我师徒两个都是第二期的华东军政大学的毕业生，毕业之后我们也一起被分配到山东。当时为了支援老区，就从新解放区，像上海这些大的城市调配一部分师资去支援

---

① 常勋家乡为宜兴，曾经隶属于常州，现隶属于无锡。
② 常勋本次口述并未讲述细节。据常老在其他场合讲述，他在日本人的监狱曾饱受辣椒水灌肠等酷刑。

老区。在那样的情况之下，我们师徒二人一起到了济南，到山东财经学院①去教书，讲的当然都是会计了。

那个时候政局的变化也比较大，山东财经学院办了又调整，之后我又被调到哪里呢？当时的厦门是海防前线，很缺师资，我被分配到厦门大学，就这样来到厦门大学。

20 世纪 50 年代，在厦门大学工作期间的常勋

当时厦门是前线，闽江大桥还没有建成，要半夜里渡过闽江，蒋介石的飞机还来轰炸，到凌晨两点钟这样才渡过了闽江。第二天清早又到涵江，涵江不是很有名的嘛，我们在涵江镇吃早饭，然后乘坐长途汽车到厦门。我们来到厦大之前蒋介石的飞机还在轰炸，后来漳州机场调了一个航空中队来，航空中队进驻到漳州以后他的飞机就不敢来了。当时厦门经常有空袭警报，紧张的时候，上课不

①　1952 年 10 月 14 日，山东省会计专科学校、齐鲁大学经济系合并成立山东财经学院，山东财经学院是山东省建校最早的财经类普通本科高校，也是全国最早的财经类普通本科高校之一。1953 年暑假全国高等院校院系调整，山东财经学院相关院系分别并入上海财经学院和山东师范学院，部分教育资源留在山东。

在教室里面上。南普陀后山有十多个山洞，那些山洞都不小，我们就在山洞口上课，紧急警报响了，就躲到山洞里面去，那样坚持了七八个月，这个当时被拍成了新闻纪录片，纪录片记录下了这段历史。这是在1953、1954年。

我在厦大教书的效果还是很好的，所以大概到1955年的时候，我已经是讲师了。那时讲师不多的，不是像现在这样。

被肃反

后来的事同政治运动都分不开了，到肃反纠偏的时候，他们认为当时的肃反有偏向，太松了，我在肃反纠偏的时候就被逮捕了。

被逮捕之后我就被判刑了，当时还是判得比较轻的，说我在中华人民共和国成立之后表现不错，所以就判了六年半，那么就去劳改了。我就到龙岩，在龙岩黄斜劳改农场待了六年半。刑满释放的时候，因为当时厦门是海防前线，回不去，所以我就在龙岩留队了，就留在劳改队就业。

我被分配到龙岩的溪南煤矿，那个煤矿是一个中小型煤矿。在溪南煤矿留队就是劳动。装煤车，一天一个组能装一百七八十车，当时是最高的纪录。所以我这个劳动锻炼还是过关的。

那时候没有看书，没有这个念头。很累，一天装一百七八十车，人都要倒下去了。整天就是这样，体力倒也是给锻炼出来了。差不多有20年没有学习，都在劳动。

回归厦门大学

龙岩之后就是小特赦，就是国民党的县团级以上的干部在服刑的一律释放①，愿意留队接受安置的就留在劳改队（工作），总之接受劳动改造的一律释放。我原

① 这里是指1975—1976年释放、安置因历史罪被判刑关押改造和刑满留在劳动改造单位就业的原国民党县团级以上党政军特人员。

来是国民党上海新城区党部的委员，地位是超过县团级的，是师局级。所以我是以师局级的身份被遣返回厦门的，回去的时候公安局局长还亲自来接我，再给我安排房子，并安排回厦大工作。

1976 年 7 月我回到厦大工作后当然不会教书了，就在经济系资料室做翻译工作。当时我主编了一本刊物叫作《经济资料译丛》，就是将英文翻译成中文的。那本杂志当时还有一定影响，可能现在大学的图书馆还能找到这个杂志。我在资料室待了 4 年吧。这期间没有什么故事，很平淡，就是编编刊物，按期出版。

在邓小平同志第二次复出的时候落实政策，我就被恢复教学工作了，还恢复了我的讲师职称，就再上讲台，上讲台还没有几个月就升了副教授。

那个时候葛家澍、余绪缨也都是副教授，都还没有升教授。有教授职称的是一位叫陈仁栋的老师，他资格很老，不过名声没有葛家澍、余绪缨大，但他是教授。黄忠堃等人也都是副教授。

那个时候国家在大连工学院办了一个培训班①，培训什么呢？培训会计的实务人才，要懂得英文，英文比较好的，能够搞翻译这些工作的人。那么全国就抽调人去，上财也抽调了，是徐政旦、石人瑾他们两位，厦大就是抽调葛家澍、余绪缨，我是作为他们的助手，我不是教育部抽调的，是作为他们的助手一起跟着他们去的。在那里碰到很多人，有对外贸易学院的陆祖汶，后来我和陆祖汶合作翻译了《国际会计》这本书，这是国内的第一本国际会计的教材。这一本是翻译的，后来的教材就是我写的。

我 1983 年开始带研究生。第一个研究生是余恕莲，现在她在对外经济贸易大学。研究生要等到写论文的时候才会有专业定位，当初也没有像现在这样的概念，没有说是招收国际会计方向的学生。

当时国家提倡双语教学，需要有一本是用英语讲会计的教材，结果就选中了我编写的《会计专业英语》这本教材。这个教材出版后的前几年没有什么名气，名气不大的。有的学校认为要加强一点会计英语方面教学的，才会选用这

---

① 有关该培训班的情况，在徐政旦的口述中也有相关回忆。

个教材，所以它的销量也很有限。后来等到提倡双语教学的时候，它才突然热门起来，大家都选开会计英语课了。所以《会计专业英语》，它第一版出来时不红。

提倡双语教学以后，《会计专业英语》就被作为双语教材，一下子它的发行量呈好几十倍的增长。所以没有多久，大概就是提倡双语教学以后，它的发行量一年就增加到10 000多册，按照当时专业图书的发行情况，10 000多册是很大的发行量了。因为只有大专院校将它作为教材来使用，所以它发行最多的时候大概接近20 000册，一年就是20 000册左右，现在一年的销售量还至少有15 000册。

那时候我的主要研究领域是成本会计、国际会计。成本会计是前期的①，因为我以前是搞工业会计的，工业会计主要就是成本这一块。后来提倡国际化了，会计要国际化，可还没有人开设国际会计这个课程，因此安排我去开辟这个国际会计的教学。当时葛家澍是会计系的主任，余绪缨是会计教研室的主任，主要是他们两个人安排，我就服从需要去搞国际会计。

也谈不上选择，就是安排工作下来，当时安排我去教国际会计，我就去教国际会计了。余老师讲管理会计，葛老师讲财务会计。

当时加拿大同我们国家有一个国际合作项目CIDA②。这个项目是很有名的，我们中国人很讲信誉的，这个CIDA项目签约的时候小麦的价格很便宜，一两年之后因为小麦的价格疯涨，加拿大就赚了很多钱。③ 加拿大政府就拿这笔钱设立了一个奖学基金，给中国培养讲授财务会计这方面的人才。第二期是由国家教委在全国物色人才，当时我就被选中了。一个是我，还有一个是上财

---

① 在《厦门大学学报》1956年第2期，常勋发表了第一篇论文《生产费用核算和产品成本计算的额定法》。见汪一帆《厦门大学会计系往事（十八）》。
② CIDA是加拿大开发计划署的缩写。CIDA项目包含不同的项目，涉及教育、经贸等领域。中国—加拿大联合培养研究生项目是CIDA于1987年在中国设立的第一个高等教育领域的合作项目（采取全英文教学），其主要目的是为中国高校培养管理学（包括会计学）的优秀师资。该项目于1987年首先开启，考录程序是在参加全国研究生统一考试的基础上，挑选部分考生参加加拿大阿尔贝塔大学的复试（包括笔试和面试）；首届总共招收了23人，毕业后由加拿大阿尔贝塔大学颁发文凭，西安交通大学颁发硕士学位。
③ 可能中方的对价是以小麦支付的。

的娄尔行，我们一共去了 4 个人，还有白肇鲁、郭道扬。他们是财政部系统选去的，我是教育部系统选去的，一共 4 个人。第二期去了 4 个人，第一期参加的人叫刘星①。

去加拿大待了一年半，第一年是在加拿大东部的一个城市，靠大西洋的哈利法克斯，有一个大学叫戴尔豪西(Dalhousie)，还有一个大学叫圣玛丽大学(SaintMary's University)，这个培训基金就是交给这两个大学来使用的。

我们去那里，头一年就是随班听课，参加他们的课堂讨论。最后的半年就是他们提供一笔钱，供我们在加拿大全国访问。我们从东海岸一直到西海岸，都去过了，从哈利法克斯到多伦多，从多伦多到渥太华，从渥太华到蒙特利尔，另外还有一个太平洋沿岸的城市，离旧金山很近，从那里乘半个小时的飞机就到美国的旧金山了，这个城市就是温哥华，我们就旅行到了温哥华。

当时我们国家还有一个项目，是去美国访问的一个项目。财政部就没有再从国内派送支持这个项目的人，直接安排我们从国外完成这个任务，因此我们就从加拿大直接去了美国。

那个美国项目的性质属于矿井的深井研究，因为浅井已经找不到什么矿了，要打深井，打深井才能找到这个矿，所以成本也很大。当时的深井专家非常吃香。也是碰巧，我的一个外甥，我二姐的儿子，他是美国深井方面的专家，所以这个项目是交给他的，他在负责这个项目，我去刚刚合适。但我去了，也谈不上能做什么，就是去处理资金的调拨，同时会涉及一点成本核算。因为他负责开发深井，需要这个方面的资金，派我去也没有讲负责什么，也没有讲参与，实际就是我一个人在，待了大概一年多时间。

回来之后就是搞财务会计，本来余绪缨老师是希望我去搞管理会计，这样出去转一转回来，葛家澍教授希望我去搞财务会计，结果我去搞了财务会计，当时还没有什么国际会计。我在财务会计这个领域里面研究的方向现在讲起来

---

① 刘星（1956年— ），男，会计学教授、博士研究生导师，重庆大学首批二级教授，担任重庆大学经济与工商管理学院院长，1993年创办重庆大学会计学系。1987年加入中国—加拿大联合培养研究生项目并获西安交通大学管理学硕士学位，1997年获重庆大学管理学博士学位。

20 世纪 80 年代，讲授成本会计

就是国际会计了，就是搞国际之间的对比。后来会计国际化了，才用国际会计这个名称。当时叫作西方财务会计，加了一个"西方"。那时全国的电大开设西方财务会计课程，向全国广播，广播教学里面开设了西方财务会计课程，我去北京讲课，讲了一年多。

那时候我主编了教材《西方财务会计》①。它算是第一本西方财务会计教材了。因为电大的传播，西方财务会计影响大了。那是 1984 年。

我后来又出版过一本《中外合资经营企业会计》②。中外合作，对外开放嘛，当时国家颁布了《中外合资经营企业会计制度》，同国营企业的会计是完全不同的，后来国营企业会计向西方财务会计靠拢了，所以中间有一段是两个制度并列，一个是国营企业会计，还有一个就是叫西方财务会计。西方财务会

---

① 《西方财务会计》，中国广播电视大学出版社 1984 年 2 月出版；上海财经大学几乎同时有一本娄尔行老师编写的《资本主义企业财务会计》，中国财政经济出版社 1984 年 4 月出版。
② 《中外合资经营企业会计》，厦门大学出版社 1986 年 2 月出版。

计讲资产负债表、损益表，完全按照西方这一套。这本书当时影响很大。它引进了外币折算业务理论，这个在当时国内是非常陌生的。

创办厦门大学会计师事务所

当时全国都有这么一股热潮，大学会计系办事务所，在当时办得比较有名的有 3 家，一家是上财的石人瑾老师（参与）创办的大华会计师事务所，还有一家排第二位的，就是厦门大学会计师事务所，排在第三位的是大连光华会计师事务所，是由邓延芳老师（参与）创办的。在当时，西南财大也办了，毛伯林老师（参与）创办的。

这些事务所办出来以后，我们 3 家就发起成立了一个高校会计师事务所联谊会。高校会计师事务所联谊会，没有什么官方背景，完全属于联谊性质的。每年搞一次聚会，聚会议题也是自定，有热门的议题就大家一起讨论。讨论之后就做出一个结论性的东西，这个也是公布的，而且在当时这些结论性的东西有一定的影响，虽然不能说影响很大，但是有一定的影响。所以，这个事情就一直这样做，一直做了三五年的时间。这是在审计准则出来之前。

厦大当时要办会计师事务所，要我来主持，就是系主任陈守文通知我，当时的程序没有像现在这样，老师都是注册会计师，业务自己找，第一个业务就是靠老师的关系拉来的，也记不清哪个是第一个了。

进入审计准则专家组

还有这样一个事情，财政部有一个审计准则委员会，那时叫作独立审计准则起草小组，杨纪琬是中方专家咨询组的组长。

财政部当时有一个外方专家咨询组，有一个中方专家咨询组，都是为独立审计准则的制订工作提供咨询服务的。中方专家咨询组后来我是组长。当时大学的会计师事务所的创办人，绝大部分是中方专家咨询组的委员。咨询组成员中浙江的胡少先现在还比较活跃。

审计准则委员会专家咨询组成立后，第一任组长是杨纪琬，实际上当时杨纪琬已经病了，所以从第三批开始就由我来担任组长，从第三批的独立审计准则的制订一直到第六批，是我担任独立审计准则中方专家咨询组的组长。主要是参考西方的材料，实际上大部分是翻译过来的。当时西南财大会计系的系主任林万祥也在中方专家咨询组。

任职华厦职业学院

华厦职业学院这个事情，开始偶然性很大。当时厦门市政协主席是蔡望怀，1992年，厦门市政协提出来要为民众办十件大事。十件大事中第一件就是办一个民办职业学院。政协当时找了一些人去座谈，我也是其中一个，有十多个人，当时鹭江职业大学的校长也去了。当初大家是想将这个大学依托于鹭江职业大学的，想借用鹭江职业大学的校舍，所以起了一个名字叫鹭岛大学。当时这个事情是鹭江职业大学王校长提议的，叫王什么，我也记不清楚了①。他个人是承诺了，但是回去后学校里通不过，所以这个事情就告吹了。依托鹭江大学办鹭岛大学，也落空了。

尽管落空，但蔡望怀办学的积极性还是比较高的，他就四处找校舍自己来办。找来找去，找到了一个小学。小学是新创办的，校舍都盖好了，但是因为它是新创办的，才招一年级的学生，有空的校舍，结果就找到那里去，所以当时叫作小学校园里面办大学，实际上就是借它的校舍，当时就招生了，招生就招了两个班。那么这个学校要起一个名称，当时政协那边、蔡望怀那边也不晓得谁提议的，说叫华夏大学。华夏就是中国的华夏的意思，蔡望怀说太大，不要搞得这么大，我们还是搞小一点，把"夏"字改成厦门的"厦"，意思是在厦门办的大学，就叫华厦大学②。所以这个学校的名称是这么来的，厦是厦门的厦。

---

① 王建立，男，1990—1995年任鹭江职业大学校长。
② 创建于1993年。2001年，更名为华厦职业学院。2014年在华厦职业学院基础上筹建本科层次华厦学院，2015年4月28日正式批准设立。

当时招两个班，一个会计班，一个金融班。

那么我既然参加这个筹备，当然要讨论到院长的问题，蔡望怀说院长的人选已经物色好，他本人现在还不知道，可能他自己也没有想到要来当这个院长。我听到这个话也没有在意，也没有想到这个院长（校长）会落到我的头上，听了就听了，就回去了。回来后，蔡望怀打电话给我，说希望我能够出来当这个院长。我说我哪里有工夫来当，也没有这个能力，主要是实在没有工夫，没有精力当这个院长，我在会计系还有教学工作。

那个时候退休，是退而不休的。另外，我还在负责厦大的会计师事务所，再要我来组建一个大学，我也没有这个能力，精力也顾不上，我就推托了。推托了之后，蔡望怀就来找我。我当时住在厦大的敬贤楼，他就自己来找我，最初找了三次，第一次、第二次找我，我都没有答应。第三次来的时候还下着雨，他冒雨来找我，坐定以后谈谈，我也感觉好像不好意思，说那就接受下来，但我恐怕负不了那么多的责任，我的能力不够。蔡望怀说，只希望我做三件事。

他说，你三件事情做了，这个校长，就是你当。第一件事情，当然是他的客气话。他说，因为你在会计界的学术地位（其实并不是具体事情）。这是他的第一用意。第二件事情，他说，你对厦大人事也很熟，人缘也很好，要完成的任务就是招聘教师。第三件事情，教师招聘好了，会物色一个常务副院长来主持学校的工作，并不要你整天绑在里面。他说这个人已经物色好了，就是以前厦门市电大的副校长杨瑞华。现在他已经过辈①了。这样谈了之后我也不好意思拒绝了，就这样谈定了，对华厦就这样，承诺了三件事情，我就开始筹备。

开始筹备的时候，洪永世是厦门市的市长，拨给华厦 30 万元的启动资金，30 万元是办不了一个大学的，只是开始作为启动资金。那么，因为那个嘉滨小学既然有空教室在那里，我们就先借嘉滨小学办起来，所以那个时候厦门就盛传一句话，叫"小学校园里面办大学"。借了两间校舍，就这样办起来。

① 过辈，常勋家乡无锡的方言，去世的意思。

第一年还可以，第二年校舍就不够了，不够了怎么办？又要找校舍。那个时候厦门一中五三楼要拆掉重建，也有一个说法是拆掉之后不在原址重建，另外重新盖教学大楼。政协听到这个，找了一中的校长，同他谈妥了，就把这个五三楼借给华厦用。所以华厦就从嘉滨小学迁到厦门一中五三楼。那里条件是好多了，五三楼是整个一幢楼，还有操场。成了一中里面的一个独立单元，还是比较理想的。所以华厦大学就在那样的条件下办稳了，脚跟也站稳了。

另外，洪永世一向对华厦很支持。本来华厦筹办时先叫华厦大学，后来要向教育部门备案，就说不能叫大学，只能叫学院，所以就改名叫华厦学院。经教育部门正式同意，当然批准了，华厦学院成立，因为当时民办的院校只能是职业学院，所以全称就叫华厦职业学院，就在五三楼开办。

当时开办华厦职业学院，师资方面也正如蔡望怀讲的，因为我在厦大的人缘还是很不错的，能够招聘到优秀的师资。我为这个事情费了很大的气力，我一家一家地去登门拜访，所以当时聘请的师资在厦大来讲，也是属于一流的。这些人到了华厦，华厦给他们很好的礼遇，非常尊重他们，这些老师在华厦都教了很久，徐若兰(音)、郭丹霞，在厦大的年轻教师中间也算是第一流的。华厦的师资基础在创办时应该说是打得相当好的。

人生自评与期望

90岁了，我对自己的人生评价是"半生坎坷"。我这一辈子坐过两次牢，日本人的牢房和中华人民共和国人民政府的牢房都坐过。我被判过两次刑。后半生还是蛮舒坦，蛮幸福的。

这90年对我影响最大的就是我的恩师圣约翰大学的赵绍鼎，我是他的得意门生，也是他的助教，到后来做讲师，也同他在一起工作。不幸的是这个老师受"左"倾路线影响被迫害死了，自杀了。我还是到后来才知道，他是"文革"期间自杀的。老师、师母都自杀了，师母被抢救过来了，老师没有被抢救过来。

我对会计晚辈的期望是：好好工作，报效祖国。

（整理人：尹成彦、赵健；会计史特约审阅人：宋小明、张辉。本文也得到了常勋长孙常亮、上海财经大学档案馆馆长喻世红、致同会计师事务所陈箭深、会计口述历史口述人庄肇嘉、重庆大学刘星教授的资料支持。）

常勋会计口述历史相关文章和专题片

石人瑾：见证会计教育史

　　石人瑾，男，1926 年 5 月出生，浙江宁波人。石人瑾 1948 年毕业于大同大学会计系，先后在大同大学、上海财政经济学院（上海财经大学当时叫上海财政经济学院）、上海社会科学院、复旦大学、上海财经大学任教。石人瑾曾担任上海财经大学会计系副主任，1990 年任大华会计师事务所主任会计师、董事长。石人瑾还曾任中国成本研究会、上海市会计学会、上海注册会计师协会的常务理事，中国总会计师协会顾问，上海总会计师研究会副会长兼秘书长。

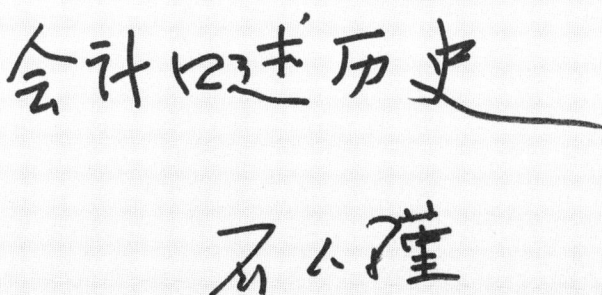

口述情况

时间：2012 年 8 月 8 日上午

地点：上海市金陵东路 2 号光明大厦石人瑾办公室

项目负责人：尹成彦

现场工作人员：——现场访谈/曹巧波

——联络/尹成彦

——摄影/杨武

——摄像/张涛

大华会计师事务所合伙人吕秋萍女士为本次口述提供了协助。

2012 年 8 月，张夏蓉、陈珺君、曹巧波、岳旭琴先后对口述文字进行了整理和审核。

石人瑾在口述

求学

我是 1948 年大同大学①会计系毕业的。实际上对我来讲，最初并不是想读会计的。中学时候我喜欢数理化，对数学、物理等学科比较感兴趣。但是没办法呀。我 1948 年从大同毕业，实际上考入大同的时间是 1944 年，1944 年还是抗日战争的时候。1940 年的时候，我上高一。那个时候学校还在上海的租界，日本人不进租界。后来日本人偷袭了美国的珍珠港，和美国正式打仗了，日本人进了租界，租界里的学校停课了。停课以后，开始我只好待在家里不读书了，但是后来，也不知道抗战到底什么时候结束，一直待在家里也不是办法。而且日本人虽

① 大同大学(Utopia University)（1912 年 3 月至 1952 年 10 月）位于上海，是民国时期一所著名的综合性私立大学，尤以理工著称，在其 40 年的办学历史中，一直是上海乃至全国私立大学中的翘楚，素有"北有南开、南有大同"之说。1912 年 3 月由胡敦复创办，为辛亥革命后我国成立的第一所私立大学。1952 年在院系调整中被撤并，其院系分别并入复旦大学、上海交通大学、华东师范大学、同济大学、上海财政经济学院和华东化工学院。

然进了租界，但是对学校好像没什么干涉。所以我还是回学校读书了，前面已经拖掉（耽误）了一两年，再去读高三，我以同等学力考取高三，然后高中毕业。那个时候上海的大同、光华、大夏等私立大学都放出风声，说虽然日本人进租界了，但重庆南京国民政府教育部还暗地里过来讲，既然日本人不来干涉，那（大学）继续办，将来我们还是承认学历的。重庆当时是陪都，既然还承认大学学历，那我就考。那时候高中没好好读，包括数理化，考理科不行，没办法就考了会计。因为会计当时是最热门的，找工作最容易，上海银行多、商店多，搞会计毕竟找工作比较方便。所以虽然实在是喜欢数理化，但没办法，读了会计。

中华人民共和国成立前，上海的会计总体来讲水平还是不错的，实际上海用的会计教材全部都是国外的。就像高中毕业考震旦、大同，一进去全部都是外文书。所有的会计书全部是英文书，都是美国大学里的英文书，所以上海的会计水平比较高。上海大学有三类：一类是教会学校，如圣约翰大学、东吴大学、沪江大学等，这种是教会办的。这些教会办的基本都是外国人多，他们用的教材都是美国的。另一类是我们国家办的几个国立大学，上海交大、浙江大学、厦门大学这种都是国家办的。国家办的大学，会计老师也都是从美国请过来的，用的也是美国书。我们那部分私立大学（第三类）呢，实际上是国立大学里面的教授出来办的，大同也是过去上海交大里面的老师出来办的。私立大学为了在社会上竞争，全跟美国大学挂钩。大同就和美国宾夕法尼亚大学挂钩，用的教材都是他们学校的，所以我们大学会计教材就是美国宾夕法尼亚大学的教材。而且那些私立大学的学生比如大同的学生，如果自己的钱没有问题的话，毕业后直接可以去宾夕法尼亚大学就读。它是承认大同学历相当于它本科学历。只要上海出证明，它承认我们的学历，可以继续到那里读硕士、读博士。所以都用的英文书，不管是教会大学、国立大学还是我们私立大学用的教材基本都一致。

会计教材变化

那时候比较出名的就是 3 本教材。一本是《财务经济》（*Financial Accounting*），一本是斐南（H. A. Finney）的《高级会计》（*Advanced*

Accounting），一本是《劳氏成本会计》（*Lawrence Cost Accounting*）。一本初级会计，一本高级会计，一本成本会计，这3本基本上都是美国最出名的。国内书和国外书一样的，国立大学、教会大学和私立大学，大家用的教材都是一样的。至于说教得好或坏那是各学校的水平问题，但是就内容来讲是一致的。我们读的书，同圣约翰大学读的书，同其他教会大学读的书，同上海交大读的书，都是一样的。基本上我觉得中华人民共和国成立以前国内的会计水平是不低的，不低于美国。所以我讲，改革开放以来蛮快就和美国接轨了，啥道理呢？相隔了这么多年，一改革开放，一和外国人接触，把外国人的书拿过来一看，都是老的书，都是我们读过的书。比如改革开放后，我到中国台湾去访问，台湾大学都读英文本。我一看，也是我们读过的书，都是老书，几十年来还是那几本书，所以我们国内的会计水平并不低，很快就能接上轨。我们的会计书一直到中华人民共和国成立还是没变，还是用国外的书。那时候我毕业了就在大同做老师，在大同就教这个书，一直到什么时候才变了？院系调整时。院系调整之前大学的书还是美国的书。1952年思想改造，院系调整时，财经类大学经过思想改造和美国划清界限，外文书统统都被扔掉。英文书我们就不看了。既然批判崇洋媚外，从此不看英文书。那个时候用苏联书，苏联的会计书和资本主义的书是不一样的。那个时候一切学苏联。在中国人民大学，苏联专家来搞苏联的一套会计。中华人民共和国成立以后教材都是从中国人民大学出来的。实际上一批苏联专家在人大讲课，各个大学选派了一部分老师去学习，我们这里的石成岳①、王松年②都去读过。苏联专家教课，他们讲啥？工业会计、农业会计、商业会计。

资本主义国家叫高级会计、初级会计、成本会计。苏联是工业会计、商业会计、农业会计。有区别吗？有区别。资本主义国家发展开始的时候，是从商业开始的，资本主义发展的时候，从做生意开始，商业比较发达，他们的会计师主

① 石成岳(1927年—)，男，1955年毕业于中国人民大学(研究生)。他曾先后任上海财经大学会计学系主任、教授，上海交通大学管理学院会计及财务学系主任。

② 王松年(1930年—)，男，教授、博士生导师，曾任上海财经大学主管教学的副校长。他是会计口述历史受访人之一。

要是搞财务会计，当时工业还不发达，成本不是很重要，所以他们的财务会计书里主要就是讲一般买卖关系，怎么算成本是没有的，所以叫财务会计。后来资本主义慢慢发达了，工业革命后工业产品多起来了，那要算成本。因为长期以来财务会计里面是没有成本的，所以另外出一本书叫成本会计。我就觉得会计是应用科学，是应社会需要才产生的。一开始不需要算成本，所以财务会计里没有成本，后来制造业发达了，产品多起来了，要算成本了，那么怎么办呢？老的体系已经形成了，那就另外写本成本会计，专门讲怎么算成本。所以资本主义会计有两本书，一本是财务会计不讲成本的，一本是单讲成本怎么算的。两本书加起来就等于一般的经营核算再加上成本核算。资本主义是先有财务会计，再有成本会计。那么苏联呢，就不同了，苏联那个时候革命成功以后呢，他们一开始就是发展工业的，所以一下子就不需要分成本会计和财务会计，合并起来，工业（制造业）的会计就叫工业会计。会计在工业中就是一般会计加上工业成本，会计在农业中就是一般会计加上农业成本，会计在商业中就是一般商业买卖加上商业成本，所以叫工业会计、农业会计、商业会计，这也是一种发展的需要。因为资本主义国家先有商业再有成本，所以先有一般的买卖核算再有成本核算，苏联的情况就不一样，苏联一开始就发展工业，所以是工业会计、农业会计、商业会计。

1952 年，我到了上海财经大学，资本主义的书那时候就不能看了，谁再看英文就要被批判了，我们的英文书都丢掉了。我们从人大引过来工业会计、农业会计、商业会计。原来是一边倒，全部学苏联，后来和苏联也有点矛盾了，但是会计还是分工业会计、农业会计、商业会计，一直延续到我们改革开放。从 1952 年开始一直用到改革开放 1978 年复校。

改革开放以后大家就有争论了，是继续用工业会计、商业会计、农业会计呢，还是回过头来用美国的财务会计、成本会计，那时候有不同看法。有部分同志长期用惯了工业会计，还有一部分同志觉得改革开放后和美国人接触多了，商业往来和资本主义国家往来多了，和美国人、和资本主义国家接触，还是应该和美国人一样用财务会计和成本会计。所以我们大概 1978 年复校，到1980 年左右、特别是 1982 年以后，开始把课程改为财务会计和成本会计。1978 年复校的时候，第一届还是用工业会计。到 1982 年，也就是谢荣这批毕业时，读的还是工业会计，再后面一届读的就是财务会计、成本会计。作为老师来讲无所谓，因为我们以前就读这个，大学的时候就读的财务会计、成本会计，毕业了以后也是搞的财务会计、成本会计，1952 年后才变为工业会计，现在回过头来看这些书，还仍旧是我们以前教的书，所以没什么困难。我们上海财大是首先提出来用财务会计、成本会计的，《财务会计》是娄尔行写的，《成本会计》是我写的，一直沿用到现在。

改革开放以来，资本主义国家在财务会计、成本会计以外又发展出管理会计。管理会计实际上就是会计在管理上的应用，就是把一些数学模式用到会计里面去。从 1952 年到改革开放前，我们和资本主义国家一直没接触，改革开放后，有国外的会计到国内来，一谈起他们用的书，讲起财务会计、成本会计，我们一听觉得没啥，以前我们也讲财务会计和成本会计。他们讲现在多了一本管理会计。这个我们没听见过，那么请国外的专门讲了一讲，听了以后觉得不错，初步有个印象，随后国外的管理会计书也被引进来了，拿来看一遍，全懂的。因为是讲数学在会计管理上的应用，我不是讲过嘛，我喜欢数学，因为这一点，数学对我来讲，不是太难的东西，一看就懂，所以很快我就把这本书消化掉了，消化掉以后我就在谢荣这个班级第一次讲新的课了。管理会计的确是一种新的思路，这种观念还是比较新的，后来《管理会计》这本教材还是我写的，我写了《管理会计》《成本会计》，娄先生写了本《财务会计》。所以讲会计的情况，我总觉得，我们国内的会计虽然和国外的会计有一段时间是有隔断的，但总体上来讲还是跟得上的，水平不低，因为我们在中华人民共和国成立以前基本上在学英美。

日本就不太一样。改革开放以后我到日本去，在日本大学里面合作研究过日本的会计。我家里还有一本关于中国会计和日本会计的比较的书。日本用的是欧洲的会计，不是美国的会计，所以总体来讲日本会计水平不及美国，因为欧洲的会计水平不及美国，所以日本的会计水平不及中国。中国人在会计上跟得上美国水平，日本好像有一点差距。管理会计，我跑过去同日本的会计教授谈谈，他们也懂得不多，没有我们这边吸收得快，我们的会计本身是美国系统的，吸收得比较快，他们是欧洲系统的，吸收得比较慢。

院系调整、学校解散和回归

1955 年以后"反右""大跃进",不要会计了,当时讲不要记账的,仓库里门板上用粉笔写一写,原来有 100 个,拿出去 3 个还有 97 个,不是很清楚嘛,要什么会计啊。所以财经大学(上海财政经济学院)也不要了,变成社会科学院了,不要大学了,学生也没有了,停下来,财经教育不需要了。

到了 1960 年,周总理觉得还是要会计。那个时候我们都在下放劳动啊,我带了一批同学在上海汽轮机厂、电机厂蹲点。他们讲外国人要向他们买一个汽轮机,问一下价格。汽轮机厂讲不晓得,不知道成本,怎么知道卖多少钱。这个事情汇报到周总理那里,一个工厂出来的产品,问他价格,连成本也不知道,那卖什么价钱也讲不出。所以重新叫来会计,叫他们 3 个月把成本算出来。汽轮机厂、电机厂几个老总、两个财务和我关系都很熟,说那怎么办啊,3 个月怎么算啊?后来我带了一批同学,我们一起帮他们算。这个厂大得不得了的,我们用了各种办法,用统计,加上会计,用统计的办法"毛估",最后报出一个数字,报给周总理,总算过关。所以他们和我关系很好的,关键时刻是我帮的大忙,要不是我带了一批学生,他们也不知道怎么弄呢。这个汽轮机厂大得不得了的,走走都要两三天才能兜一圈,要在 3 个月里算成本出来很难,我给他们出的主意,即东拼西凑,凑出一个大致差不多的数字报上去。所以 1960 年周总理说财经类大学要恢复,我们社科院里面一部分同志出来恢复上海财经学院。这时候基本上还是讲工业会计,一直到 1966 年"文化大革命"。

"文化大革命"后期,财大(上海财经学院)解散,我和龚清浩两个人调到复旦,其余的教师到上海财政局。财政局不要这么多会计老师,没什么用场的。那怎么办呢,后来这批老师也到复旦,由复旦代管。这时候我还教过工农兵学生。后面进来的老师,不属于复旦,自己在外面帮人家做做培训,基本上不属于系里面,是属于复旦代管性质的。到 1978 年突然讲要复校了。我和龚清浩、徐政旦、潘兆申约出来讨论复校。龚先生年纪比较大了,具体执行基本上是我在弄。突然之间要招生，招生进来，第一件事情就是写教材，"文化大革命"的时候教材都没有了，教材都被"批判"掉了。

石人瑾在办公

大华会计师事务所

我是会计系负责教学的副主任，65 岁应该是到退休年龄了，要退下来。原来我们会计系和上海市会计学会办了一个大华会计师事务所，开始是徐政旦老师在那里做主任会计师，但是很少开展业务。徐老师讲他不做了，没办法开展业务。他辞职后就找到我，因为我不做会计系副主任了，我也正好没事情。我认识的人很多，上海的大企业、大工厂的财务总监、总会计师基本上都是我的学生，我到哪里都是他们的老师。我熟悉的人很多的，中百一店、华联商厦等的总会计师都是我的学生，大的企业的总会计师基本上都是我的学生。因为在系里面我负责教学，当时财政部改革开放以后对总会计师一级的人员进行培训，找到了我，叫我负责。上海财大负责培训大中型企业的总会计师或者财务总监，包括宝钢的财务部长，级别很高了，都是我的学生。财政部一定要他们经过我们的培训再正式发财政部确认的总会计师资格。我亲自给他们讲课，关系处理得比较好。上海的大大小小的厂（会计）都认识我，我一到事务所情况就不一样。我打个电话给学生，说我现在在管事务所你们有什么事情就招呼我。那么一句话喽，老师嘛，有什么事情就找你喽。这样业务就开展起来了。他们都是企业里面的实权派，要请哪个事务所一句话，这是第一个方面。第二个方面，正好我是1990年去的，1990年以后，股份制开始，企业要上市发行股票，变成上市公司。公司上市都需要会计师事务所，要上市都要经过注册会计师审查。上市有条件，合格了证监会才批准上市，他们要上市找我，一下子业务发展起来了。

1990—1995年，我们做到近一个亿①，会计师事务所发展得很快，原来只有一二十个人，后来发展到两三百人。事务所原来是学校办的，后来国家又规定了事务所不能由学校办，只能由个人办，所以学校就把大华交给我了，我变成了事务所的合伙人了。原来我们买了一些房子，花了几千万块钱，全部交给了学校。事务所赚的钱，我明确了，都是学校的，我不过是学校派过去做主任会计师的，钱还是学校付的，所以后来学校不能办的时候，所有的钱都上交给学校。因为我到事务所的时候已经退休了，后来学校要交给我办的时候我快70岁了，也不能再做了。正好汤云为不做财大校长，他愿意到事务所来，事务所就交给他做了，大华后来就是他负责的。他也有想法，觉得事务所一定要和外国人合办，所以后来我们与安永合办，大华变成了安永大华。与安永合办的时候我还是安永大华的合伙人。按照国际水平，合伙人收入已经不错了，所以那几年我收入不错。

对会计的理解

我没有什么会计理论。我个人看法是，会计是一门应用科学，是解决实际

---

① 根据中注协公布的数据，1999年上海普华大华会计师事务所收入14 500万元、上海大华会计师事务所收入5 827万元、深圳大华会计师事务所收入1 300万元。文中的数据已无从考证。

大华会计师事务所掠影

问题的，没有大的理论，和经济不一样的。经济你可以是大的一个指导方针，甚至可以指导一个地区、一个国家经济发展。会计主要是一种应用课程，指导在某种情况下，用什么方法来把它（经济业务）反映出来，（会计）主要是用来解决实际问题的。

（整理人：赵健、尹成彦；会计史特约审阅人：张辉、宋小明。）

石人瑾会计口述历史相关文章和专题片

张同辉：从战火中走出来的国管局"财务总管"

　　张同辉（1926年——　），男，国务院机关事务管理局（简称国管局）财务管理司原司长。张同辉出生于河北省于安国县（现安国市）南娄底村。1941年，张同辉加入冀中军区抗属中学。1944年，张同辉报名参加冀中行署经济训练班，受训3个月后，先后在冀中银行、中国人民银行工作。张同辉曾参与抗美援朝后勤工作，曾任东北财政部下属军费军需管理局军费科长。1952年年底，张同辉调入财政部，任经济建设财务司重工业处科长。1959年，张同辉调至国务院机关事务管理局中央行政经费管理处。1983年，中央行政经费管理处改为财务管理司，张同辉出任司长，直到1986年离休。

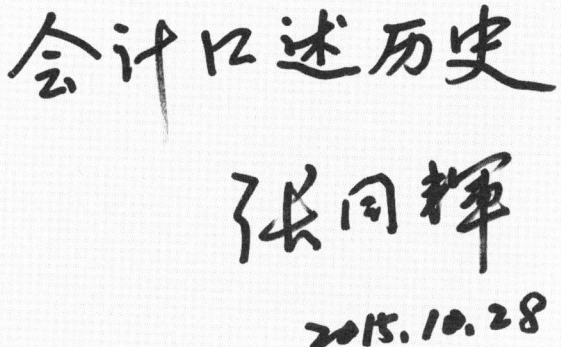

会计口述历史

张同辉

2015.10.28

口述情况

口述记录时间：2015 年 10 月 28 日上午

地点：北京市张同辉家中

项目负责人：曹巧波

现场工作人员：——现场访谈/曹巧波

　　　　　　　　——摄像/沈锋

　　　　　　　　——文字编辑/岳旭琴

口述记录速记稿先后经过娄梦丽和曹巧波的审校。

张同辉在签署会计口述历史版权协议

抗属中学的"红小鬼"

我 1936 年上学，1937 年日本就发起了全面侵华战争。

因为我家在河北省的中部冀东平原——保定南边、离北京只有五百里地的安国县，离铁路线只有七八十里地，所以日本进犯卢沟桥以后为了巩固铁路沿线，很快就把我们县城都占领了。

我上学的时候是上上停停，停停上上。有时候老师让我当个"小先生"，那时实行小先生制。

我上小学的时候还是儿童团团长，后来我高小还没有毕业的时候抗属中学成立了，学校实行军事化管理，校长由冀中军区政委程子华兼任。1941 年我进入抗属中学，穿上了列宁服，戴上了列宁帽。学校包括老师有六七百人，被编排为 5 个队，队长都是营职干部担任。

入学不久，正赶上1941年日军秋季大扫荡，3天都没吃上饭，一直行军，敌人的飞机还在天上侦察。最后是某天晚上在敌人眼皮底下，在离县城一里地的时候穿过去(某条逃生路)，然后立即往东走。本来是想到鲁西，走到铁路边上时，由于敌人封锁得非常厉害过不去，我们就都往回走，往回走的时候敌人的飞机天一亮就来扫射，队长让趴下就趴下，让跑就跟着快跑。

在抗中也没上多少课，三天两头跟着部队行军，跟着军队走、跟着军区司令部走。白天住下，一到傍晚就开始行军，一走就是六七十里、七八十里，住下以后第二天9点钟以后才上课。上课都在野外，学习军事、语文、算术、俄语、唱歌等。那时候成立抗属中学，是为了培养根据地和八路军的后备干部，学生待遇高于战士，是准排级干部。所以我们穿的是列宁服，冬天是黑衣服，比战士还多一个坎肩。

在滹沱河南边住的时候，天还没亮就吹紧急集合号，大家赶紧穿上衣服，背上背包在操场集合，集合之后队长说："现在敌人已经开始进攻，离这不远了，限5分钟内吃好饭，吃好饭之后出发。"整装后队伍向西北走，走在滹沱河边上，司令员、政委、党委书记都在那儿，指挥着战士让位，让学生先过。

1942年5月，侵华日军又对冀中根据地发动了更大规模的"五一"大扫荡，学校通知我们暂时回家，我就回到了家中，等候通知。

年轻时的张同辉

解放战争时期的银行会计

中学解散之后，我在家待了一段时间，还担任了青年抗日先锋队的队长。

1945 年，敌人开始撤退，冀中行署招收经济训练班学员，我便离开家去了河北文安参加训练班。这个班等于是银行训练班，训练 3 个月后到冀中分行①，由分行分配工作。我们一行 3 个人被分配到白洋淀，工作主要是做货币斗争，跟着工商局打击伪钞。因为那时候出入口银行对着天津和北京，进了外币要打入敌占区，让外国公司帮忙买东西回来给解放区。

没几个月又把我调回支行，让我去当会计。支行当时在现在的天津附近。1946 年国民党进攻，我们又往南撤到白洋淀边上的鄚州，一直到冀中分行前方办事处，又把我调到那里去，没几个月华北第一出入口分行成立，且搬到了河北沧州。

我第一次做会计，什么都不懂，只能自己慢慢地摸索。我名义上上过中学，在那时候文化程度还算高。1948 年，华北第一出入口分行搬到了沧州以后没几个月解放军就开始进攻了，把济南打下来之后钞票都运到我们那里去，再把这些东西"打"到天津去。我们单位后来都在天津，我是做留守，那时候算是总会计，上级每天来收集情况，做收尾工作，直到1949 年 4 月份我进了北京，其他人则去了天津。我和一个副行长向总行汇报以后，他被调到察哈尔省当人民银行的行长，我则留在人民银行总行，还是做会计。

我在总行开始做会计以后，主要做资金调拨，那时候物价飞涨、粮食欠缺，每天要了解行情——主要是上海、天津的情况，比如了解每天上海黄金出入多少、库存多少，再向总行汇报，还要每天向行长汇报。那时候的行长是南汉宸，他原来是杨虎城的秘书长。

---

① 晋察冀边区银行冀中分行（后改称华北出入口银行第一分行，文中称华北第一出入口分行）以商号的名义专向北京、天津办理进出口业务，输出法币和土特产品，购进军需民用的必需品。

那时候没有长途电话，每天我搜集这些情况后都要摇半天电话。后来让对方（上海）每天固定时间向总行打长途电话汇报，用 001 或者 002 这些密码代表欠款、放款，但经常打着打着就断线了。

抗美援朝时期的军需科长

1950 年 6 月，朝鲜战争爆发。四野南下以后，在东北只留了一个军，缺干部，更缺战士，什么都缺。应东北局李富春同志之邀，中央各部往东北抽调了 1 000 多名干部。10 月下旬，从人民银行抽调 95 个人，在东北组成临时领导班子，我是管组织的。原想成立随军银行，因条件不允许，只能在沈阳把大家就地分配到空军、后勤部、被服厂等。

我是 1950 年 3 月结婚的，4 月份就出发到了沈阳，我们去的时候沈阳人很少，大部分原来的机关都撤到哈尔滨去了，美国的飞机天天来转，一拉警报我们就赶快躲到防空洞。我在东北待了 3 年，那时候东北不是现在的 3 个省，辽东、辽西、嫩江都是省，鞍山、本溪、抚顺是直辖市，察哈尔也归东北管。东北和中央货币不统一，东北依然用东北币，中央是用人民币，东北币 10 000 块钱换人民币 1 块钱，东北财政部等于是自己统管物资、粮食、烟酒专卖。东北财政部成立了军费军需管理局，我到那里当了军需科长，负责二线兵团，包括从朝鲜回国的伤兵。另外还有朝鲜驻沈阳公使馆，他们的经费也是我们供的。工作量很大。整体来说是供给财政，还没有企业这一套东西，比如支付等。

后来，由于东北不能负担整个抗美援朝的军队开销，所以军费又交给了中央财政部国防司管。我调到了东北财政部综合处，综合处什么都管，和办公室差不多。那时候物资的调拨用收付实现制，还不是核算。

上海杨树浦发电厂被炸以后，我还去看过情况，回来写报告，因为恢复需要资金，要向中央递交检查。

到 1952 年年初，河北出了张子善、刘青山案件以后，中央很重视，开始打老虎，就是"三反""五反"，抓贪污腐化，东北局负责的"打虎队"到松江省①去，也是从各单位抽调人员。从我们单位抽调了一位局长带着我们去，去的人都是骨干，从会计处抽了 5 个人，我是其中之一，待了 3 个多月，专门查账。

东北物资局在哈尔滨有十几个仓库，那时候管钱管物的岗位都是藏"老虎"的地方。最后查出来四五个"老虎"，万元以上算"老虎"，万元以下（千元以上）分"中老虎""小老虎"，其他的都是千元以下的，有的是贪污的，把他们报到市里去等候批示处理。

国管局的"财务总管"

1952 年年底，大区撤销，我又从东北财政部回到中央财政部，在经济建设财务司的重工业处担任处长，管煤、电、油 3 个能源行业，抚顺煤矿、本溪煤矿我都去过。那时候还没有化工，化工属于燃料工业。

1954 年我得了肺病，在医院住了几年，切了肺之后，1959 年调到国务院机关事务管理局中央行政经费管理处，这个处的管理范围比较大，不仅涉及党中央、国务院、各人民团体、各民主党派、各宗教团体等的事务，还涉及国务院各部门、全国人大、全国政协、最高法、最高检、6 个大区中央局的事务。管理的对象不光是财务，还包括礼品、汽车、服装、住房、家具等，等于是一个大管家。

甚至一些不是财务的事也让我们管，我们还专门成立一个礼品管理科——各个单位买什么东西，必须经过它允许才能买；外国送的、各个单位自己不能处理的礼品，都交到这里来，报领导审批后，存在这里。

过去很穷，出国专门做的里面的小衣服归个人，但大衣都要交过来，谁出国再由总理批，到这里来借。所以，那些出国的人员出国回来之后，大衣都要交回来，原来国家领导人的貂皮大衣什么的也都要交回来。

汽车管理所则管理各部门的领导配车，包括国家领导人配车，如谁配车、

---

① 旧省名，辖今黑龙江省东南部。1954 年裁撤，并入黑龙江省。

配什么车。

因为我们等于是中央财政，实际上有些制度譬如差旅费、过节（补贴）等制度，财政部定了，以后中央各机关都按照制度执行。

"大跃进"的时候，我们把中央各部委的管行政经费的人，财务科或财务处的人组成一个协作组，每个月开一次协作组会议。有什么问题在协作组上说，大家给他出主意，大家交流问题是怎么解决的。有一段时间搞比赛，有一段很短的时间以表代账。看看谁家报表报得快。有的到了30日晚上，没到次月1日就报上来了报表。后来说这样不行，以表代账容易出错。于是就纠正了。

"文革"开始后，中央行政经费管理处的工作遭到严重破坏，大批财会人员被下放、调出，原来的四五十人就只剩下两三个人，只管发工资，其他一切工作都停止了。1969年5月，我被下放到人民银行在河南淮滨的干校劳动，去了以后给当地带来不少改变，当地拉上了电线，用上了电灯、拖拉机。我还参加了县里清理阶级队伍的工作。

1973年，我回到国管局中央行政经费管理处。当时处里就剩下几个人了，我到各单位招人。那时候我就定了一个标准，只要愿意做会计工作，有高中文化程度，即使没有做过会计，只要你喜欢做会计工作，谈话了以后能调回来的设法调回，不能调回的就设法从已撤销的单位找人，从早些恢复的财经院校要人，每年甚至还通过财政部要两个大学生。因为调来的人大部分是一些年轻又没有工作经验的，才想起培训。因为在东北的时候财政干校里面有一个会计班是我们管的，所以在这一点上有经验。找到了之前的中央财政金融学院①的院长，以前他是我们的科长，我是科员。我找他帮忙培养新人，连续办了3期，每期30多人。为了面更广一些，后来采用了讲大课的办法，从中央财政金融学院、中国人民大学请教授来礼堂上大课，1 000多人，包括中央各部委、下属事业单位的人，一个星期集中上一次课，培训效果不错。再后来又在中国人民大学办脱产大专班，30岁以下，具有高中文化程度即可入学深造，学期

---

① 中央财政金融学院，即现在的中央财经大学。

两年。

一直到退下来，我都很重视抓培训干部工作，包括后来的电脑培训，我们也是最早推行的。

1983 年，中央行政经费管理处改为财务管理司，我被任命为司长。

期望：站在河边不能湿鞋

做财务工作的，你必须要自己站住脚，搞财搞物的不能沾，领导要以身作则。我们那时候要求特别严，最严的时候文化节别人送电影票都不能要，到单位检查工作，按规定也不能在单位吃饭。我这个人比较直爽，不管是谁，只要违背制度的事情我是坚决抵制的，所以很少出事情。比如我们那时候管处理物资，让委托商定价，一般他们定得会便宜些，所以我们财务司的人一律不准去买。不能让各单位干的首先自己不能干。

我们预算都是采取民主协商的形式——各部预算多少，你提出哪一个部门的预算必须说明根据是什么有什么情况、有什么问题大家平衡，各单位协商，一个单位提出有什么特殊的要求——你要开几次会，这个会有多少人，住什么地方，都要算账，这样一来中央机关执行预算时超预算的很少。除此之外，平常预算的单位，年初定的时候是根据什么定的，之后又发生什么情况，都要放在预算中，要实事求是地去解决问题，不能说原来定的预算都不改。所以我们自己得掌握一部分东西，每年 10 月份以后调整，根据了解到的情况，确定哪一个单位需要补，哪一个单位需要减。

一个人管十几个单位，实际执行的情况，这个人最了解。每一个单位是什么情况，有什么问题，怎么解决，怎么样才合理，整个预算执行的情况、报表的汇总都得审查。对每一个人（的工作）都要定期检查，相互监督。在了解情况之后，哪些制度不合适，需要修改，则特殊情况特殊解决。

另外是如果有人不在了，别人要可以代替，搞协作关系。比如，你管（对接）文化部，我管（对接）司法部，但是我也要了解司法部的情况，你也要了解文化部的情况，这样万一你有什么事情别人也可以代替。

说到对于现在的会计从业人员有什么期待，实际上真正的会计理论知识我没有多少，不过就是组织一下，都是打杂的。但是我很注重"从群众中来到群众中去"，并且这么多年工作下来，我们是属于管钱管物的，我强调的是站在河边一定不能湿鞋，我是始终拿这个来要求自己的。

（整理人：吴周筠、尹成彦、赵健；会计史特约审阅人：张辉、宋小明。）

张同辉会计口述历史相关文章和专题片

会计口述历史的做法

尹成彦

上海国家会计学院开展会计口述历史的目的之一在于抢救性地记录一批前辈，为行业留下一些资料；目的之二在于推广会计口述历史，促进会计行业的口述记录工作。

在此，对会计口述历史项目的具体做法予以全面介绍，仅供各位读者参考。

（一）口述人的遴选

口述人的遴选是通过项目工作组寻找和他人推荐相结合的方式开展的。这样的遴选需要项目成员了解拟记录人的背景资料，并寻求他人的建议。作为抢救性记录，会计口述历史选择口述对象的标准为：

（1）在某一个会计领域或某一个地区的会计发展进程中有一定的贡献和影响力；

（2）年事已高，需要优先记录；

（3）身体状况良好，能清晰地表达；

（4）有相对客观地口述的可能性。

口述人的遴选要特别注意信息的多方核实，包括寻求相关人员的佐证、网络查询资料等。

（二）对口述人口述记录流程

在遴选确定口述人后，分为记录前、现场记录、记录后三个阶段开展口述工作。

1. 记录前

（1）收集整理拟邀请口述人的背景资料。必要的话，还要向拟口述人索要履历。

（2）发出书面邀请。邀请函中应对会计口述历史项目开展的情况做介绍、对口述工作的大致做法做介绍，并附上口述的主要内容纲要、版权协议样稿。

（3）协调联系口述记录时间。

2. 现场记录

（1）现场记录一般预留1天的时间，大部分口述实际用时为半天。但也有1天甚至超过1天的。

（2）现场分工需要安排3人，分别是和与受访人对话的访谈人，摄像师，摄影兼老照片、旧资料翻拍的人。也可以仅由2人开展此项工作，但在现场的工作时间要拉长。现场需要有受访人的家人、学生等做沟通，协助访谈。

（3）拍摄之前要向受访人进一步介绍口述工作的具体做法，特别是口述工作保密的要求，以便口述人更清晰地知道口述的用途，并有效地开展记录。

（4）拍摄一般是在受访人家中，需要特别注意对环境的维护，要根据受访人的健康情况和意愿来开展记录，不要给受访人带来困扰。

（5）拍摄结束后邀请口述人题字"会计口述历史"，并签署版权授予协议。

3. 记录后

（1）将视频资料汇集为一个文件，并导出单独的音频文件。

（2）利用视频或音频做文字稿整理。这可能牵涉速记、校对等多人的工作。

（3）文字稿交口述人或口述人指定人审阅。修订表达不准确的内容，对不愿公开的部分加以注明。审阅是依据口述的记录，而不是另外增减的内容。

（4）根据审阅确认后的记录撰写专题文章，通过中国会计视野网、《中国会计报》等渠道发布。

（5）根据审阅确认后的记录、专题文章制作专题片，通过中国会计视野网、腾讯视频等渠道发布。

（三）传播与存储

会计口述历史项目的目的在于传播和传承会计文明。这需要对项目多宣传，也需要对相关的资料予以良好的保存，且注意保密。

项目采用的传播方式主要包括：

——在《中国会计报》、中国会计视野网、上海国家会计学院官方微信公众号同步发布文章；

——在腾讯视频、优酷视频等发布会计口述历史专题片，并通过中国会计视野网、上海国家会计学院官方微信公众号等传播；

——在中国会计视野年刊《会记》和上海国家会计学院院刊《WE》刊载专题文章；

——设立会计口述历史微博，发布项目的动态；

——在中国会计学会会计史专业委员会年会、中国传媒大学崔永元口述历史中心组织的口述历史展示活动上宣传。

除主动传播之外，会计口述历史还得到了一些机构的再传播，如中国注册会计师协会、来自学界的口述人所在院校。

口述记录原始视频、音频、文稿的存储首要考虑的是安全。安全包括资料的不丢失、不泄密、可长期存放。我们采用的方法有：

（1）多硬盘复制，多地保存；

（2）部分资料采用电子恒温保险柜保存，定期查看；

（3）在遵守版权协议和约定的前提下对外提供相关资料；

（4）使用相关资料的工作人员均需遵守包括保密条例在内的工作制度。

（四）筹资

会计口述历史是一个行业性公益项目。项目由上海国家会计学院发起，并开展相关的组织工作，部分资金来源于社会捐赠。筹资主要通过定向募集的方式开展，即找寻特定的机构和个人对项目做介绍，寻求认同，寻求资金支持。在项目开展起来后，也有主动提供资金支持的情况。这些机构主要为会计行业的机构，包括会计师事务所和相关会计协会。资金的捐赠均签署协议、开具票据。对项目的开展情况项目组也不定期地向捐助人予以统一汇报或单独通气。

筹集的资金主要用于相关的差旅费及外聘人员的稿费、劳务费等。这些资金对于开展会计口述历史项目是不可或缺的，也正是有了这些资金的支持，项目才得以坚持到现在。

我们对捐助人的回报是有效地使用资金、做好会计口述历史项目。

（关于口述的交流或捐款，欢迎联系上海国家会计学院会计口述历史项目工作组。电话：021-69768000-68069；邮箱：janny@snai.edu。）

克服先天不足　如何让口述历史更接近真实

尹成彦　李九泽

口述历史从诞生之日起，其公信力就饱受争议。从理论上来说，人类存在一种客观的历史，一种不会随着时间和空间改变而改变的历史。所以，有历史学家认为相较于文献档案或田野调查，口述历史是主观的，不足为凭。

口述历史是由历史的经历者或者目击者表述出来的。从人性的观点来说，受访者的知识背景、记忆能力、表述能力及其认知世界的观点方法，都会影响他的陈述。如果受访者是事件的亲历者，他可能会避开使自己难堪的一面，乐于陈述让自己看上去更美的一面。设身处地地想想，谁又愿意对着他人自揭"伤疤"呢？因此，必须承认口述历史是存在先天不足的，做不到百分之百的真实，其公信力遭到质疑是一件很正常的事。

但是，因为口述历史的先天不足而不承认其价值就应另当别论了。作为一种研究方法，局限性同样存在于文献档案或田野调查里，它们也难以做到百分之百的真实。比如，过去的报纸、杂志和现在的网媒，对于某些事件的报道，其误导性并不少，假新闻更是层出不穷。恰恰是这些"死"的资料，需要口述历史这一个"活"的资料去印证，去史海钩沉，去接近真相。

口述历史应该在多方努力下去接近真相，而不是放任甚至推动单方面的"真相"传播。这些努力包括如下几个方面。

（1）在遴选受访人的阶段，需要通过综合了解来评估受访人真实讲述的可能性。可能影响真实性的因素包括：受访人还是"局"中人，可能存在诸多的利益冲突；受访人亲历的事件不够多，不够直接；因年龄或健康原因，受访人的记忆出现偏差的可能性大；受访人对口述历史的认识偏差。在条件允许的情况下，为了真实性，可以等待拟受访人，比如等待其完全退出行业。

（2）访谈人对历史资料进行学习掌握。在访谈之前，对相关的历史资料做一个梳理，对相关的历史事件有一个尽量全面的认识是必要的。如此，才能在口述记录中有一些基本的判断，避免偏听偏信。

（3）在访谈之前与受访人进行充分的沟通。这样的沟通不仅包括流程安排的沟通，也包括对口述历史本身重要性、严肃性的沟通。让受访人知晓自己正在参与一项有意义的历史工作，这在很大程度上可以提高口述工作的质量。这样的沟通视情况要采用电话、拜访、带话、邮件等方式。

（4）设计访谈的问题要考虑探究真相的目的，要在口述记录阶段就留下最接近真实的记录。要用受访人可以接受的语言，就特定的历史事件多角度地提问，特别是追问。如果受访人含糊其词，可以进行求证，但不能勉强其做肯定性的表达，以免带来更多表面上肯定实际上并不能肯定的口述。需要特别注意的是，口述更多是对信息的采集，而不是双方的辩论，更不是审判。

（5）多方求证。在条件许可的情况下，口述历史项目是对某个人群的访谈。这样就可能采用多方求证的方式来增加口述历史的可信性。比如，甲作为受访者，口述中提到了乙、丙、丁等受访人或潜在受访人，那就可以通过相互的口述记录来查核对同一事件的口述是否有偏差，偏差是否可接受。这样的做法可以在一定程度上提高口述记录的真实性。

（6）在后期的整理与校对工作中做进一步的查证。这些查证可能是受访人说的某一个人名、某一个机构名称等，甚至可能是一栋大楼的名字。传播出去的口述记录如果有硬伤错误，那既会有损声誉，也会带来持续性的误导。差之毫厘，失之千里，工作人员的责任就是减少出现这样的错误。

总结为一句话：口述历史要接近真实，靠的就是各方参与人的求真务实。最后，我们特别建议各位读者在有兴趣、有能力的情况下开展口述记录。不记录，那口述历史就是 0；记录，则可能接近 1。

口述历史的影像记录与表达

李九泽

　　口述历史是以文字、音频、视频的方式，搜集记录受访者的口传记忆及其个人观点。在当今时代，数字设备的发展使捕捉口述历史影像变得更加具有可操作性，以录像的方式来记录口述资料是常见和首选的做法。这些口述历史影像既可以是相关历史研究的基础，也为制作口述纪录片提供了来源。20世纪90年代以来，口述历史在我国受到广泛关注，许多电视台都开设以"口述"为特征的栏目。进入21世纪，崔永元团队创作的《电影传奇》和《我的抗战》影响甚大，凤凰卫视直接推出以《口述历史》命名的栏目，郭柯导演的《二十二》更是在院线上映。

　　口述历史不是为了记录而记录，它重要的使命之一在于传播，而不是在记录完成后将资料丢进故纸堆。进入互联网时代，电视的线性播出弊病得以克服，口述历史的传播迎来更多维度，看多少遍或者选择性观看都成为可能。关键在于，观者有没有兴趣？这对口述历史影像记录和表达提出了更高的要求。

一、口述历史影像对访谈双方有什么要求

　　访谈是口述历史的重要工作模式，镜头前的受访者和访问者是一枚硬币的两面。

　　（1）讲故事是受访者口述的最佳方式。一个口述历史人物的现场访谈，往往长达若干小时。从传播学角度讲，几乎没人愿意花几小时去观看比一部电影还长的对话。因此，访谈中除了需要有受访者独到观点的陈述之外，一定要让他多讲故事。人们对故事永不生厌，而好故事就是值得讲、世人又愿意听的东西。访谈的成功，不只在于历史信息的完整收集，还在于让受访者还原历史

风貌。

口述历史是受访者说出的历史，受访者通常是事件的亲历者或目击者，这决定了他们能讲出故事。这些人阅历丰富，有的甚至遭遇坎坷，由他们讲述的历史事件，有情节、有细节，有时还有矛盾冲突，容易引起人们的情感共鸣。如果受访者口才出众，富有个性，更是口述历史求之不得的好事。每个受访者的故事，都为波澜壮阔的历史年代留下一个侧影，也为观者愿意倾听历史提供了兴趣支点。

（2）让受访者适应镜头的存在。如今摄像机越来越小型化，手机也可以用于正式录像，受访者面对庞大机器的紧张感有所减轻。但是访谈毕竟不同于私下聊天，设备的介入意味着一言一行可能"公开"，摄像行为肯定会让受访者心理产生微妙的变化。口述工作团队仍需要做的是，让受访者处于其熟悉的环境中，体感舒适，尽量放松而又不至于太过懈怠。同时，要鼓励受访者与访问者保持眼神交流，不用也不能一直盯着摄像机。

（3）访问者与被访者平等交谈。访谈通常以访问者提问受访者作答的方式来进行，且以受访者讲述为主。在对历史的知晓上，受访者是有权威性的，但在口述记录这一行为上双方是平等的。访问者在尊重之外，不能有仰视心态，这可能造成口述节奏的失控或内容的跑题。访问者要敢于追问情节细节，有时甚至需要提出一些略带刺激性的问题，以挑起受访者的讲述欲望。不要问四平八稳的问题，也不要问受访者只用两三个字就可以作答的问题。当然，访问者也不能喧宾夺主，在记录中过分表现自己。

（4）访问者镜头内外的角色。访问者是口述历史非常重要的角色，除非有特别考虑，他出现在镜头里应该是允许的。这不仅直观揭示了访问者是由谁来担当，而且也为摄像丰富画面、变化景别提供了更多可能。镜头之外，访问者的角色同样重要。比如需要在访谈前后同受访者进行交流沟通，回应他的关切，打消他的顾虑，增进彼此间的信任。有时，还需要向受访者建议合适的衣着和休息的时机，让对方充分感受到访问者的善意和真诚。访问者留给受访者的印象，绝不应该是来到面前提几个问题就想离开的那个人。其实，看似不经意的非正式交流，偶尔会给访谈增添"神来之笔"。顺便提及，访问者在录像中不要用"嗯、啊"之类的有声语气词来回应受访者，可以改用点头或摇头等形式。

二、口述历史的影像记录是简单的事吗

相较于文字记录和录音，视频的方式无疑能够捕捉到口述历史更多鲜活的细节。口述者的一举一动，无论是大笑、哽咽还是手指指点、挥舞拳头，都可以为口述历史增加文字或声音难以描述的生动注解，传递更多信息，特别是展现受访人的精气神。现场访谈是口述历史最主要的场景，摄像师承担着艰巨的任务。

（1）图像要讲究。沙发是受访者最乐意坐的，但只要其身体允许，都尽量不要选沙发。因为受访者容易把身体后仰或陷进沙发里，而沙发体量庞大，极其影响构图。另外也尽量避免让受访者坐大班椅或大型台桌前。摄像师可以调度两张大体相当的椅子，让受访者与访问者面对面，身体都略向前倾，这就是最好的选择。现在随着数码设备的优化，减少了录像对传统棚内灯光的需求，而且太过明亮的灯光也常令受访者不太适应。所以，在受访者熟悉的环境中选择访谈场地，无论室内外通常光线问题都不大。摄像师应做到的是使图像"简洁有表达力"。切忌让受访者身后物品众多，或者有很多线条枝蔓，背景杂乱不堪。尽可能做到人物主体及身边景物清晰可见，稍远处背景开始虚化，同时又不乏空间纵深感。在画面构图上，要给拍摄对象留足适当的头部空间和鼻前空间。

（2）声音要干净。摄像师在开录之前，一定要对受访者家人及现场其他人员作出说明，要求手机静音，对鸟鸣狗吠、交通噪声等其他声源进行有效防控。人多嘴杂，如果受访者是多人，切记不要同时进行访问。在话筒的选择上，有线方式通常选择指向性话筒，缺点是顾及了受访者，访问者的声音收录会受较大影响。现在无线领夹式话筒性价比非常高，受访者和访问者可各自佩戴同时收音，不仅隐蔽而且效果清晰。即使双方走动，也不受线缆羁绊。

2015 年，会计口述历史记录席玉聚的场景

（3）摄像盯全程。常见的工作场景是，当访问者与受访者交流时，摄像师似乎架好设备便万事大吉了。可是受访者在座位上来回移动身体，或者身姿出现较大变化，不调整镜头可能人物就出画面了。摄像师既要紧盯监视画面，也要洞悉现场变化，随时调整镜头。在访问者提问时或出现访谈间隙等，适时推、拉、摇、移镜头，使画面和景致都富于变化，这样也利于解决后期同景别剪辑画面跳跃的问题。摄像师应该跟访问者一样，倾听受访者所说的内容，在技术上还要用耳机监听收音的效果。

（4）要主动作为。摄像师做口述历史工作，一定要用镜头说话。比如，访谈中受访者提到某个资料，也许就是一两句话带过，不管是书籍还是照片，当场未拍的事后一定记着补拍。再比如，访问者与受访者的见面寒暄，受访者带领访问者的室内参观，受访者介绍相关情况等，这些都要视为访谈的一部分，而不是可有可无。此外，更重要的是，要尽量拍摄到受访者曾经工作生活过的建筑场景，还可以拍摄一些当地的风土人情，以利于后期剪辑时为解说词提供客观镜头。一句话，可以通过摄像师的主动作为，让口述内容有更多直观的画面呈现。业余的拍摄，将限制口述影像的最终用途。

需要指出的是，访谈前后口述历史团队一定要给摄像师留出时间架设和归置设备，不要指望到场就录散场就走。除去访谈，摄像师的主观艺术创作很花时间，甚至要慢工才能出细活。

三、口述历史的文本工作有什么显著差异

口述历史在完成影像采集之后，通常会整理出忠实于录音的访谈笔录。这份笔录最好是交由受访人或其指定人员审阅，由其基于访谈来纠错和决定口述公开的范围与程度。根据笔录，有的组织者会把口述撰写为非虚构文学作品供报刊和网络公开发表。笔录和文章又为口述历史纪录片的解说词撰写提供了大体方向和文本基础。这三种文本的创作，要求大不相同。

（1）笔录应力求准确、忠实于访谈。说出来的是什么就是什么，不能做发挥性的改动。出于各种考虑，如果笔录要经受访者本人修改，也应该采用副本的方式，并且对删节或改动的部分有明确的标示，分版本保存。

（2）以第三人视角撰写的文章可以有文学发挥的空间。供报刊或网络发表的非虚构文学作品，不可能是原始访谈笔录的删减版。它既可以写实，也可以写意。受访者词不达意的地方，文稿写作者也可以进行润色。访谈没有谈到的地方，写作者可以根据资料进行补充。有明显史实错误，也可以纠正。需要特别注意的是发挥的尺度，不能随意拔高。

（3）纪录片解说词的撰写完全有别于以上两者。访谈笔录只能算给纪录片提供了不带时间码的场记。文学性文章有时语言太过天马行空，并不适宜直接挪用到纪录片制作中。首先，解说词是要与画面结合在一起的，它不是一篇独立的文章。应该言简意赅，少用长篇大论。没有相应的画面，就要尽量避免去写。其次，解说词要通过配音员的口语来表达，要的是朗朗上口，所以要平实、通顺、易读，要口语化而不要用语偏僻或文学色彩过浓。再次，解说词要与访谈的同期声紧密结合，不能前面解说的指向甲，跟的内容是乙或丙。最

后，一段解说词里最好不要包含带多层并列或转折的意思。如果需要，把这段解说词打散分开。

四、口述历史影像的过去时表达怎样才会更好看

口述历史，注定它承载的就是过去时。如何恰当地表达过去，一直是口述历史纪录片的一大难题。视频画面不能表现过去时，更不能表现未来时，只能表现拍摄镜头的当前有限情景。

（1）画面要动起来的问题。从根本上来说，视频就是关乎图像、声音、运动的问题。前面已经提及图像和声音的问题，兹不赘述。至于运动，是指影视创作中的一级、二级、三级运动。

一级运动即基本运动，是指拍摄对象自身的运动。在座式访谈中，受访者最缺的就是基本运动，或者说动作幅度微乎其微。所以摄像师应尽可能抓拍到受访者的哪怕是很微小的活动，比如脸部表情、习惯动作。同时应尽可能地创造一些基本运动。比如在条件允许的情况下可以边走边访谈，也可拍摄受访者看书写字、浇花散步等主客观镜头。

二级运动是指摄像机的运动，既可以是摄像机机位在拍摄期间发生或大或小的变化，也可以是多机位的联合同步拍摄，还可以利用摄像机变焦推拉拍摄。尤其是单机操作时，可以在访谈结束后通过补拍的方式，拍摄访问者提问题和做出反应的镜头，还可远距拍摄访谈双方。这些镜头用于后期插入画面时，没有对口型的问题。

三级运动是指在后期编辑过程中使用切、叠化、划变、淡入淡出或其他镜头到镜头之间的特技时，由镜头变化产生的运动和节奏。如果只有现场访谈的固定镜头，无论问答多么精彩，人们都会有视觉疲劳。人们总是希望看到影像有场景的变化、景别的变化、角度的改变。即便是一张资料照片，也可以通过特技让它缩小放大、横移竖摇，实现画面"动"起来。

（2）如何结构一个故事。对口述历史故事，重要的是如何处理现在与过去的叙述问题，建议采用"现在—过去—现在"的结构模式。把受访者接受访谈

的当下视为现在，他谈到的往事都视为过去时。仅纪录片的开头，就有点明主题式、概括式、聚焦事件式、议论抒情式、提出问题式、强烈悬念式等谋篇布局方式，可谓多种多样，解说词撰写者尽可择其一而从之。但口述历史纪录片的开篇布局最好以眼下能拍到的场景为起点。在解说词写作中，建议在开篇和中间的部分都尽量多用悬念，勾起观者的兴趣。关键处可以有意识地多用一些疑问句，而避免使用陈述句。至于结束，人们多用总结式结尾，但如果采用开放式结尾或断然抽离式结尾，也是不错的选择。

（3）高度重视资料的运用。口述历史的受访者或其关系人掌握有历史照片，有的甚至还会有视频资料。关键在于口述历史项目团队要有意识地提出要求，收集扫描，有说明地分门别类存贮。对纪录片的制作来说，这不啻为雪中送炭。此外，互联网络为文献检索、资料收集提供了更为便利的条件，也可以把找资料诉诸于此。有时，受访者本人或关系人都未必收藏的资料，可能就夹杂在某一个新闻报道之中。如果实在找不到，用同时代的资料照片录像，在加字幕说明的情况下也是可行的和可以理解的。至于用今天的客观镜头叙述过去的事情，则是视频艺术不得已且在观念上可以接受的行为。

五、应当怎么看口述历史影像表达的争议

相较于文字和音频形式的口述记录，口述历史影像表达争议在于以下几个方面。

（1）摄像机的存在影响受访者的表达。媒介的存在肯定影响信息的收集。有人认为，"所有访谈都涉及一定程度的表演，而这些表演又会因为摄像机进一步强化"。事实上，不管是文字记录还是音频记录，它让访谈双方都觉得更像私人谈话。一旦转变成视频记录，尤其还包括摄像师等艺术工作者在场，舒适的访谈氛围会被改变，这也是有的受访者紧张的原因。

（2）录像增加了口述历史项目的成本。毫无疑问，录像访谈比起一个本子、一支笔的文字记录，比起一个简单的录音笔，会添加更多的设备来记录、处理和存储访谈资料，也需要更多的工种做技术支撑。同样都是记录历史，为什么要大费周章呢?

(3)影像纪录片经过剪辑使准确性丧失。视频记录访谈是受访者原汁原味的表达,这没有任何问题。但是,由此生发出来的口述纪录片却增加了解说词,原始影像也是经过几遍剪辑。对纪录片制作人来说,他可能更关注"看点在哪里",他们可能按自己的需求和经验,将学者们视为重要的地方一刀剪除。这种选择性的公开,是艺术性戕害了历史的准确性。

对于以上争议点,在客观上都有一定道理。但是应该看到,不能一味地拒绝现代科技的发展。摄像机的介入,使口述历史多了一个崭新的维度。文字可以把有声语言变成书写符号,录音可以记录受访者的腔调、节奏、讲话模式,但他的一颦一笑、一脸茫然或眨眼皱眉所传达的非有声语言信息,都不是录音或文字能再现的。既然影像在口述历史的表达上有如此优势,为什么还逃避尝试新方法呢?至于成本问题,可以根据项目的资金预算,对于非重点人物或表述能力较差的受访者,当然也可以选择性录像。如果最终目标是制作一部纪录片,那么访谈的每个环节都有录像的必要。

至于影像纪录片会消减口述历史的真实性更是大可不必担忧。相反,正是影像纪录片的可看性给口述历史插上了快速传播的翅膀,让社会公众更全面地了解历史,让历史研究者找到可能的选题方向。任何人对任何口述历史项目感兴趣,它都可以由此深入原始视频访谈记录中,与文献、实证研究相互印证,去探寻历史的真相。关键点在于,做事就会存在争议,但做了总比不做好。应当深信,口述历史的真正影响不是在当下,而是很久以后的未来。若干年后,那些受访者也许已经转身离开人世,后来的研究者不得不依赖早年间的口述历史资料,从而使其价值得到彰显。